目の前にある問題はもちろん、

人生の問いや、

社会の課題を自ら見つけ、

挑み続けるために、人は学ぶ。

「学び」で、

少しずつ世界は変えてゆける。

いつでも、どこでも、誰でも、

学ぶことができる世の中へ。

旺文社

文部科学省後援

英検® 3級 でる順パス単

5訂版

旺文社

発音記号表

発音記号は「´」が付いている部分を，カナ発音は太字をいちばん強く発音します。カナ発音はあくまでも目安です。

母音

発音記号	カナ発音	例
[iː]	イー	eat [iːt イート]
[i]	イ ※1	sit [sit スィット]
[e]	エ	ten [ten テン]
[æ]	ア	bank [bæŋk バンク]
[ɑ]	ア	stop [stɑ(ː)p スタ(ー)ップ]
[ɑː]	アー	father [fáːðər ふァーざァ]
[ɑːr]	アー	card [kɑːrd カード]
[ɔ]	オ	song [sɔ(ː)ŋ ソ(ー)ンヶ]
[ɔː]	オー	all [ɔːl オーる]
[ɔːr]	オー	before [bifɔ́ːr ビふォー]
[u]	ウ	good [gud グッド]
[uː]	ウー	zoo [zuː ズー]

発音記号	カナ発音	例
[ʌ]	ア	just [dʒʌst ヂャスト]
[ə]	ア ※2	about [əbáut アバウト]
[ər]	アァ	computer [kəmpjúːtər コンピュータァ]
[əːr]	ア〜	nurse [nəːrs ナ〜ス]
[ei]	エイ	day [dei デイ]
[ou]	オウ	go [gou ゴウ]
[ai]	アイ	time [taim タイム]
[au]	アウ	out [aut アウト]
[ɔi]	オイ	boy [bɔi ボイ]
[iər]	イア	ear [iər イア]
[eər]	エア	hair [heər ヘア]
[uər]	ウア	your [juər ユア]

※1…[i]を強く発音しない場合は[エ]と表記することがあります。
※2…[ə]は前後の音によって[イ][ウ][エ][オ]と表記することがあります。

子音

発音記号	カナ発音	例
[p]	プ	put [put プット]
[b]	ブ	bed [bed ベッド]
[t]	ト	tall [tɔːl トーる]
[d]	ド	door [dɔːr ドー]
[k]	ク	come [kʌm カム]
[g]	グ	good [gud グッド]
[m]	ム	movie [múːvi ムーヴィ]
	ン	camp [kæmp キャンプ]
[n]	ヌ	next [nekst ネクスト]
	ン	rain [rein レイン]
[ŋ]	ング	sing [siŋ スィング]
[l]	る	like [laik らイク]
[f]	ふ	food [fuːd ふード]
[v]	ヴ	very [véri ヴェリィ]
[θ]	す	think [θiŋk すィンク]

発音記号	カナ発音	例
[ð]	ず	those [ðouz ぞウズ]
[s]	ス	salad [sæləd サらッド]
[z]	ズ	zoo [zuː ズー]
[ʃ]	シ	short [ʃɔːrt ショート]
[ʒ]	ジ	usually [júːʒu(ə)li ユージュ(ア)りィ]
[r]	ル	ruler [rúːlər ルーらァ]
[h]	フ	help [help へるプ]
[tʃ]	チ	chair [tʃeər チェア]
[dʒ]	ヂ	jump [dʒʌmp ヂャンプ]
[j]	イ	year [jiər イア]
	ユ	you [juː ユー]
[w]	ウ	walk [wɔːk ウォーク]
	ワ	work [wəːrk ワ〜ク]
[ts]	ツ	its [its イッツ]
[dz]	ヅ	needs [niːdz ニーヅ]

はじめに

本書は1998年に誕生した『英検Pass単熟語』の5訂版です。「出題される可能性の高い単語を，効率よく覚えられる」ように編集されており，英検合格を目指す皆さんに長くご愛用いただいています。

3つの特長

❶「でる順」で効果的に覚えられる！

過去5年間の英検の問題※を分析し，よく出題される単語・熟語・表現を「でる順」に掲載しました。

❷ 学習をサポートする無料音声つき！

スマートフォンで音声を聞くことができる公式アプリと，パソコンからの音声ダウンロードに対応しています。

❸ 学習効果がわかるテストつき！

単語編と熟語編には，見出し語を覚えたか確認できるチェックテストがついています。

本書での単語学習が皆さんの英検合格につながることを心より願っています。

最後に，本書の刊行にあたり多大なご協力をいただきました，木静舎 山下鉄也さま，九州大学大学院言語文化研究院 准教授 内田諭先生に深く感謝の意を表します。

※2015年度第2回～2020年度第1回の英検過去問題

もくじ

単語編

でる度 A 常にでる基本単語 ● 300

でる度 B よくでる重要単語 ● 300

でる度 C 差がつく応用単語 ● 300

熟語編　　　　　　　　　　　　　　　　会話表現編

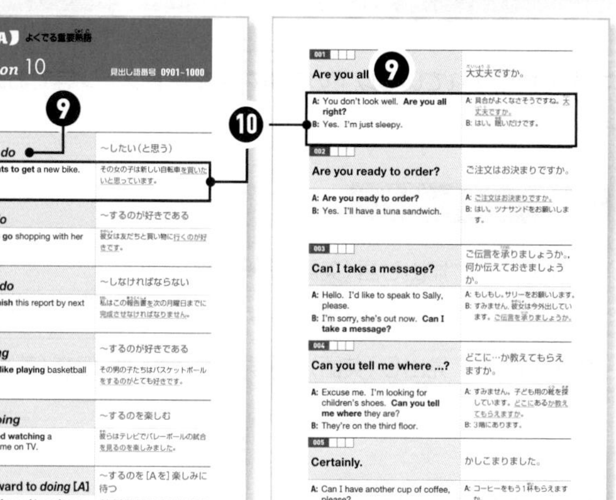
でる度 A よくでる重要熟語
Section 10　見出し語番号 0901-1000

0901 want to *do* 〜したい（と思う）
The girl **wants to get** a new bike. その女の子は新しい自転車を買いたいと思っています。

0902 like to *do* 〜するのが好きである
She **likes to go** shopping with her friends. 彼女は友だちと買い物に行くのが好きです。

0903 have to *do* 〜しなければならない
I **have to finish** this report by next Monday. 私はこの報告書を次の月曜日までに完成させなければなりません。

0904 like *doing* 〜するのが好きである
Those boys **like playing** basketball very much. その男の子たちはバスケットボールをするのがとても好きです。

0905 enjoy *doing* 〜するのを楽しむ
They **enjoyed watching** a volleyball game on TV. 彼らはテレビでバレーボールの試合を見るのを楽しみました。

0906 look forward to *doing* [*A*] 〜するのを[Aを]楽しみに待つ
I'm **looking forward to seeing** you again. またあなたに会えるのを楽しみに待っています。

146

001 Are you all right? 大丈夫ですか。
A: You don't look well. **Are you all right?** A: 具合がよくなさそうですね。大丈夫ですか。
B: Yes. I'm just sleepy. B: はい。眠いだけです。

002 Are you ready to order? ご注文はお決まりですか。
A: **Are you ready to order?** A: ご注文はお決まりですか。
B: Yes. I'll have a tuna sandwich. B: はい。ツナサンドをお願いします。

003 Can I take a message? ご伝言を承りましょうか。何か伝えておきましょうか。
A: Hello. I'd like to speak to Sally, please. A: もしもし。サリーをお願いします。
B: I'm sorry, she's out now. **Can I take a message?** B: すみません。彼女は今外出しています。ご伝言を承りましょうか。

004 Can you tell me where ...? どこに…か教えてもらえますか。
A: Excuse me. I'm looking for children's shoes. **Can you tell me where** they are? A: すみません。子ども用の靴を探しています。どこにあるか教えてもらえますか。
B: They're on the third floor. B: 3階にあります。

005 Certainly. かしこまりました。
A: Can I have another cup of coffee, please? A: コーヒーをもう1杯もらえますか。
B: **Certainly**, sir. B: かしこまりました。お客さま。

196

❾ **見出し**：熟語と会話表現はよく出題されるものを取り上げています。

❿ **例文と訳**：見出しに対応する部分は，例文では太字，訳では赤字にしています。会話表現編は会話形式の例文を掲載しています。

●表記について

動 動詞　名 名詞　形 形容詞 副 副詞　接 接続詞　前 前置詞 代 代名詞　間 間投詞　複 複数形	(　)…… 省略可能／補足説明 [　]…… 直前の語句と言い換え可能 〈　〉…… コロケーション／文型表示
＝ 同意語　≒ 類義語　⇔ 反意語	*A*, *B* …… *A*, *B*に異なる語句が入る *one's*, *oneself* …… 人を表す語句が入る *do* …… 動詞の原形が入る *doing* …… 動名詞，現在分詞が入る to *do* …… 不定詞が入る
★ 補足情報／動詞の不規則変化 ► 用例・見出し語に関連した表現	

音声について

本書に掲載されている以下の音声をスマートフォン等でお聞きいただけます。

音声の内容

単語編	見出し語（英語）→ 見出し語の訳
熟語編	見出し語（英語）→ 見出し語の訳 → 例文（英語）
会話表現編	見出し（英語）→ 見出しの訳 → 例文（英語）

音声の聞き方

2種類の方法で音声をお聞きいただけます。

■パソコンで音声データ（MP3）をダウンロード

ご利用方法

❶ 以下のURLから，Web特典にアクセス

URL：**https://eiken.obunsha.co.jp/3q/**

❷ 本書を選び，以下のパスワードを入力してダウンロード

tthsmy　※すべて半角アルファベット小文字

❸ ファイルを展開して，オーディオプレーヤーで再生

音声ファイルはzip形式にまとめられた形でダウンロードされます。展開後，デジタルオーディオプレーヤーなどで再生してください。

※音声の再生にはMP3を再生できる機器などが必要です。
※ご使用機器，音声再生ソフト等に関する技術的なご質問は，ハードメーカーもしくはソフトメーカーにお願いいたします。
※本サービスは予告なく終了することがあります。

公式アプリ「英語の友」(iOS/Android)で再生

ご利用方法

❶「英語の友」公式サイトより，アプリをインストール

URL：**https://eigonotomo.com/**

英語の友

左記のQRコードから読み込めます。

❷アプリ内のライブラリより本書を選び，「追加」ボタンをタップ

❸再生モードを選んで再生

書籍音源モード	音声データダウンロードと同じ内容の音声を再生できます。
単語モード	単語編，熟語編について「見出し語(英語)」の音声再生ができ，再生間隔や回数を自由に編集することができます。英語だけを再生したい，複数回連続で再生したい，発音練習するためのポーズ(間隔)を空けたい，等にご利用いただけます。

そのほか，以下の機能をご利用いただけます。

- シャッフル再生
- リピート再生
- 再生速度変換(0.5～2.0倍速)
- バックグラウンド再生
- 絞り込み再生(チェックした単語のみ再生)

※本アプリの機能の一部は有料ですが，本書の音声は無料でお聞きいただけます。
※詳しいご利用方法は「英語の友」公式サイト，あるいはアプリ内のヘルプをご参照ください。
※本サービスは予告なく終了することがあります。

オススメ単語学習法

3級によくでる単語を効率的に覚えるには，以下の3つのステップで学習するのがおすすめです。

STEP 1 仕分け　知らない単語をチェック

まず，「知っている単語」と「知らない単語」の仕分けをします。知らない単語や自信がない単語があったら，1つ目のチェックボックスに印を付けましょう。

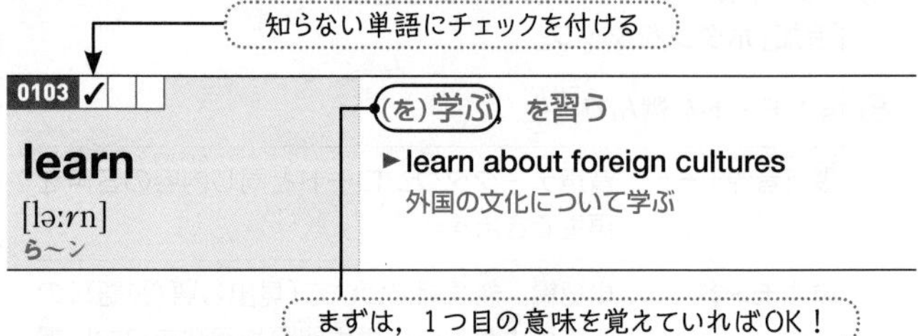

STEP 2 暗記　チェックが付いた単語を覚える

チェックが付いた単語だけを集中して覚えます。音声を聞いたり，声に出して発音したり，ノートに書いたりして覚えましょう。

STEP 3 確認　覚えたか確認する

チェックを付けた単語を覚えたか，付属の赤セルシートを使って隠して確認しましょう。まだ覚えていない，もしくは自信がない場合は，2つ目のチェックボックスに印を付け，覚えるまで STEP 2 → STEP 3 を繰り返しましょう。

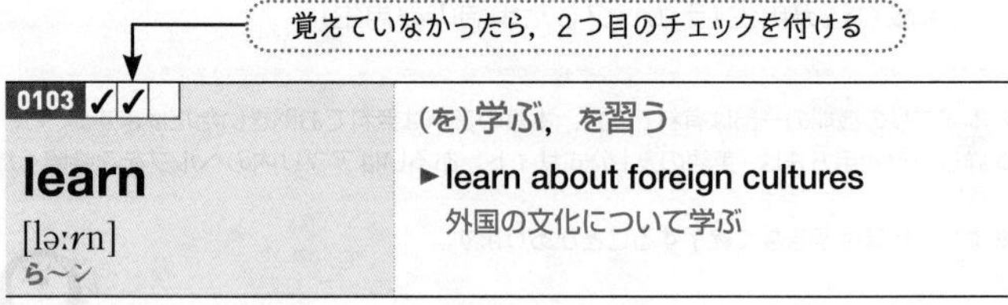

○でる度が高い単語から覚えよう

本書は，英検の出題データを分析した「でる順」に並んでいます。時間がない場合は，「でる度A」だけはしっかり覚えるようにしましょう。

○セクションごとに進めよう

本書は，1つのセクションが100語で構成されています。たとえば，「2日で100語」のように目標を決めて，セクション単位で学習するのがおすすめです。以下のように，STEP 1 ～ STEP 3 をセクションごとに繰り返して覚えていきましょう。1日目に覚えられなかった単語は2日目に確認し，覚えていなかったら3日目にまた確認しましょう。

〈例〉1日に50語学習する場合

日	セクション	番号	学習内容
1日目	*Section* 1	0001~0050	STEP 1 仕分け と，STEP 2 暗記 を行う
2日目	*Section* 1	0001~0050	STEP 3 確認 を行う
	Section 1	0051~0100	STEP 1 仕分け と，STEP 2 暗記 を行う
3日目	*Section* 1	0001~0100	STEP 3 確認 を行う
	Section 2	0101~0150	STEP 1 仕分け と，STEP 2 暗記 を行う

繰り返す

少しずつ
繰り返し覚えよう！

○テストで確認しよう

各でる度の最後にチェックテストを設けています。
総仕上げとして，意味をしっかり覚えられたかテスト形式で確認しましょう。

○付属音声(p.8～9参照)や準拠ノートを活用しよう

記憶を定着させるには,「見て」覚えるだけでなく,音声を利用することが効果的です。公式アプリやダウンロード音声を利用し,繰り返し「聞いて」,音声を真似て「発音して」みましょう。また,ノートに「書いて」覚えるのもおすすめです。

旺文社リスニングアプリ

英語の友

旺文社刊行の英検対策書に
多数対応!

音声再生のほかに,

- 試験日カウントダウン
- 学習目標管理
- 単語テスト(1日の回数制限あり)

などの機能があります。

英検3級　でる順パス単 書き覚えノート[改訂版]

『英検3級 でる順パス単[5訂版]』準拠の
書いて覚える単語学習用ノート

●

セットで学習するとさらに効果的!

単語編

常にでる基本単語 300

でる度 A 常にでる基本単語

Section 1

見出し語番号 0001~0100

動詞

0001

look
[luk]
るック

(形容詞の前で)に見える，見る
► **look happy** うれしそうに見える

0002

take
[teik]
テイク

(時間など)がかかる，(乗り物)に乗る，を持っていく，(試験・授業など)を受ける
★ [過去] took [過分] taken
► **take an hour by bus** バスで1時間かかる

0003

make
[meik]
メイク

(make *A B*で)AをBにする，を作る，(行為)を行う
★ [過去・過分] made
► **make me tired** 私を疲れさせる

0004

see
[siː]
スィー

が見える，(を)見る，に会う
★ [過去] saw [過分] seen
► **What can you see from the window?** 窓から何が見えるか。

0005

watch
[wɑ(ː)tʃ]
ワ(ー)ッチ

を(注意して)見る
名 腕時計
► **watch a baseball game on TV** テレビで野球の試合を見る

0006

give
[giv]
ギヴ

(give *A B*で)AにBを与える[あげる]
★ [過去] gave [過分] given
► **give the plants water** 植物に水を与える

0007

work
[wəːrk]
ワ～ク

働く，(機械などが)作動する，作業をする
名 仕事，職場
► **work seven hours a day** 1日7時間働く

0008

call

[kɔːl]
コール

(call *A B* で)AをBと呼(よ)ぶ，(に)電話をする

名 電話をかけること

★ make a phone call で「電話をかける」

► **call him Ken** 彼(かれ)をケンと呼(よ)ぶ

0009

enjoy

[indʒɔ́i]
インヂョイ

を楽しむ

enjoyable 形 楽しい，おもしろい

► **enjoy my trip** 旅行を楽しむ

0010

find

[faind]
ふァインド

を見つける，とわかる

★ [過去・過分] found

► **find a lost key** なくしたかぎを見つける

0011

practice

[prǽktis]
プラクティス

(を)練習する

名 練習

► **practice the guitar** ギターを練習する

0012

tell

[tel]
テる

(tell *A B* で) AにBを話す [教える]，を言う

★ [過去・過分] told

► **tell him the story** 彼(かれ)にその話をする

0013

leave

[liːv]
りーヴ

を置き忘(わす)れる，を残す，(を)出発する

★ [過去・過分] left

► **leave my bag on the train**
かばんを電車に置き忘(わす)れる

0014

need

[niːd]
ニード

を必要とする

► **need some money**
いくらかのお金を必要とする

0015

say

[sei]
セイ

(を)言う，と書いてある

★ [過去・過分] said

► **say something important**
何か重要なことを言う

take や make はたくさんの意味があるから，例文でじっくり覚えよう。

0016

finish
[fíniʃ]
ふィニッシ

を終える，終わる(⇔ begin を始める，始まる)
▶ **finish my homework** 宿題を終える

0017

sell
[sel]
セる

を売る(⇔ buy を買う)
★ [過去・過分] sold
▶ **sell old books** 古本を売る

0018

clean
[kliːn]
クリーン

をきれいにする，を掃除(そうじ)する
形 きれいな，清潔(せいけつ)な
▶ **clean the blackboard**
黒板をきれいにする

0019

wait
[weit]
ウェイト

待つ〈at ～で〉
▶ **wait at the station** 駅で待つ

0020

become
[bikʌ́m]
ビカム

(形容詞(けいようし)や名詞(めいし)の前で)になる
★ [過去] became [過分] become
▶ **become famous** 有名になる

0021

show
[ʃou]
ショウ

(show *A B*で) AにBを見せる，を見せる
名 ショー，(テレビの)番組
▶ **show him my passport**
彼(かれ)にパスポートを見せる

0022

join
[dʒɔin]
ヂョイン

(に)加わる，(に)参加する
▶ **join the art club** 美術部(びじゅつぶ)に加わる

0023

bring
[briŋ]
ブリンッグ

を持ってくる，を連れてくる
★ [過去・過分] brought
▶ **bring my own lunch**
自分の昼食を持ってくる

0024
move
[muːv]
ムーヴ

を動かす，動く，引っ越す
► **move the table** テーブルを動かす

0025
put
[put]
プット

を置く
★ [過去・過分] put
► **put the key on the desk**
かぎを机の上に置く

0026
drive
[draiv]
ドゥライヴ

(人)を車で送る，(を)運転する
★ [過去] drove　[過分] driven
► **drive him to school**
彼を学校まで車で送る

0027
rain
[rein]
レイン

(itを主語として) 雨が降る
名 雨
rainy 形 雨降りの
► **It's raining.** 雨が降っている。

0028
win
[win]
ウィン

(に)勝つ (⇔ lose (に)負ける)，を勝ち取る
★ [過去・過分] won
► **win a game** 試合に勝つ

0029
speak
[spiːk]
スピーク

(を)話す
★ [過去] spoke　[過分] spoken
speech 名 スピーチ，演説
► **speak English** 英語を話す

0030
travel
[trǽv(ə)l]
トゥラヴ(ェ)る

旅行する
名 旅行
► **travel around the world**
世界中を旅行する

0031
hope
[houp]
ホウプ

を望む，を願う〈to *do* ～すること〉
名 希望，望み
► **I hope to see you again soon.**
また近いうちに会えることを望んでいる。

sell ⇔ buy，win ⇔ lose などの反意語はセットで覚えようね。

0032

ride
[raid]
ライド

(に)乗る

★[過去] rode　[過分] ridden

► ride a bike 自転車に乗る

0033

sound
[saund]
サウンド

(形容詞の前で)に聞こえる，音がする

名 音，物音

► That sounds perfect to me.
それは私には完ぺきに聞こえる。

0034

wear
[weər]
ウェア

を身につけている，を着ている

★[過去] wore　[過分] worn

► the boy wearing a cap
帽子をかぶっている男の子

名詞

0035

train
[trein]
トゥレイン

列車，電車

動 (を)訓練する

► take a train 列車に乗る

0036　⚠発音

hour
[áuər]
アウア

1時間，(～s)(勤務・営業などの)時間

► for three hours 3時間

0037

weekend
[wíːkend]
ウィーケンド

週末

★「平日」はweekday

► this weekend 今週末

0038

restaurant
[réstərənt]
レストラント

料理店，レストラン

► a Chinese restaurant 中華料理店

0039 □□□
food
[fu:d]
ふード

食べ物，料理
feed 動 にえさ［食べ物］を与(あた)える
► Japanese food 日本の食べ物，日本食

0040 □□□
month
[mʌnθ]
マンす

（暦(こよみ)の上の）月
► next month 来月

0041 □□□
station
[stéiʃ(ə)n]
ステイション

駅，（警察(けいさつ)や消防(しょうぼう)の）署(しょ)
► meet at the station 駅で会う

0042 □□□
festival
[féstiv(ə)l]
ふェスティヴァる

祭り
► a summer festival 夏祭り

0043 □□□
ticket
[tíkət]
ティケット

チケット，切符(きっぷ)
► get two tickets チケットを2枚(まい)手に入れる

0044 □□□ ⚠ 発音
minute
[mínit]
ミニット

（時間の）分，（通例 a ～）ちょっとの間
► for thirty minutes 30分間

0045 □□□
trip
[trip]
トゥリップ

旅行［≒ travel］
► a school trip 修学旅行(しゅうがくりょこう)

0046 □□□
movie
[mú:vi]
ムーヴィ

映画(えいが)
► watch a movie on TV
テレビで映画(えいが)を見る

0047
parent
[pé(ə)r(ə)nt]
ペ(ア)レント

親，(~s) 両親 [親たち]
▶ with my parents 両親と一緒に

0048
lesson
[lés(ə)n]
れスン

レッスン，けいこ，授業
▶ have dance lessons
ダンスのレッスンがある

0049
kind
[kaind]
カインド

種類
形 親切な
▶ many kinds of birds たくさんの種類の鳥

0050
money
[mʌ́ni]
マニィ

お金
▶ spend money お金を使う

0051
job
[dʒɑ(:)b]
ヂャ(ー)ップ

仕事
▶ get a new job 新しい仕事を得る

0052
place
[pleis]
プれイス

場所
▶ a lot of places to visit
訪れるべきたくさんの場所

0053
office
[ɑ́(:)fəs]
ア(ー)ふィス

事務所，会社
★ post officeで「郵便局」
▶ my father's office 私の父の事務所 [会社]

0054
science
[sáiəns]
サイエンス

理科，科学
scientist 名 科学者
▶ science homework 理科の宿題

0055

meeting
[míːtiŋ]
ミーティング

会合，会議
► have a meeting 会合を開く

0056

concert
[kɑ́(ː)nsərt]
カ(ー)ンサト

演奏会(えんそうかい)，音楽会，コンサート
► go to a piano concert
ピアノの演奏会(えんそうかい)に行く

0057

plan
[plæn]
プらン

予定，計画
㊍ を計画する
► plans for tomorrow 明日の予定

0058

child
[tʃaild]
チャイるド

子ども [= kid] (⇔ adult 大人)
㊫ children
► children under six years old
6歳(さい)未満の子どもたち

0059

vacation
[veikéiʃ(ə)n]
ヴェイケイション

休み，休暇(きゅうか)
► the winter vacation 冬休み

0060

history
[híst(ə)ri]
ヒストリィ

歴史(れきし)
► the history of American culture
アメリカ文化の歴史(れきし)

0061

contest
[kɑ́(ː)ntest]
カ(ー)ンテスト

コンテスト
► a speech contest スピーチコンテスト

0062

library
[láibreri]
らイブレリィ

図書館
librarian ㊔ 図書館員，司書
► go to the library 図書館へ行く

library「図書館」のつづりをしっかり覚えておこう。

形容詞

0063
last
[læst]
らスト

この前の(⇔ next 次の)，最後の [≒ final]
(⇔ first 最初の)
副 最後に
► **last week** 先週

0064
next
[nekst]
ネクスト

次の(⇔ last この前の)
副 次に
► **next month** 来月

0065
famous
[féiməs]
ふェイマス

有名な〈for ～で〉
► **be famous for its beautiful park**
その美しい公園で有名である

0066
popular
[pá(:)pjulər]
パ(ー)ピュらァ

人気のある〈among ～の間で〉
► **be popular among children**
子どもたちの間で人気がある

0067
sure
[ʃuər]
シュア

確かな，確信して
副 (会話で)もちろん
► **Are you sure?** 確かですか。

0068
favorite
[féiv(ə)rət]
ふェイヴ(ァ)リット

お気に入りの，大好きな
► **my favorite singer**
私のお気に入りの歌手

0069
other
[ʌðər]
アざァ

他の
► **in other countries** 他の国々で

0070
late
[leit]
れイト

遅れた，遅い(⇔ early 早い)
副 遅く
► **Sorry, I'm late.** 遅れてごめん。

0071

special
[spéʃ(ə)l]
スペシャる

特別な
► today's special menu
本日の特別メニュー

0072

different
[díf(ə)r(ə)nt]
ディふ(ァ)レント

異なる，さまざまな，別の
difference 名 違い
► different opinions 異なる意見

0073

sorry
[sά(ː)ri]
サ(ー)リィ

気の毒に思って，申し訳なく思って
► be sorry to hear that
それを聞いて気の毒に思う

0074

free
[friː]
ふリー

無料の，ひまな(⇔ busy 忙しい)
► a free drink 無料の飲み物

0075 ⚠発音

busy
[bízi]
ビズィ

忙しい(⇔ free ひまな)，にぎやかな
★ be busy *doing* で「～するのに忙しい」
► a busy day 忙しい1日

副詞

0076

first
[fəːrst]
ふァ～スト

最初に(⇔ last 最後に)，第1に
形 最初の，第1の
► do my homework first 最初に宿題をする

0077

often
[ɔ́(ː)f(ə)n]
オ(ー)ふン

よく，しばしば
► often go to the movies
よく映画を見に行く

late は 副「遅く」でもよく出るよ。

0078 □□□

also
[ɔ́:lsou]
オーるソウ

〜も（また）[= too]
► **I also like cats.** 私もまた猫が好きだ。

0079 □□□ ⚠ 発音

tonight
[tənáit]
トゥナイト

今夜（は）
名 今夜
► **call him tonight** 今夜彼に電話する

0080 □□□

usually
[jú:ʒu(ə)li]
ユージュ(ア)りィ

たいてい，いつもは
usual 形 いつもの，ふつうの
► **I usually get up at six.**
私はたいてい6時に起きる。

0081 □□□

well
[wel]
ウェる

よく，十分に，じょうずに
形 元気な　間 ええと，さて
★ [比較] better　[最上] best
► **sleep well** よく眠る

0082 □□□

hard
[hɑ:rd]
ハード

熱心に，激しく
形 難しい，かたい，つらい
► **study very hard** とても熱心に勉強する

0083 □□□

just
[dʒʌst]
ヂャスト

たった今，ちょうど，ただ
★「たった今」の意味は現在完了の文でよく使う
► **I've just had lunch.**
私はたった今昼食をとったところだ。

0084 □□□

early
[ə́:rli]
ア〜りィ

早く（⇔ late 遅く）
形 早い，初期の
► **go home early** 早く家に帰る

0085 □□□

still
[stil]
スティる

まだ，今でも
► **still have a cold** まだ風邪をひいている

0086

together

[təgéðər]
トゥゲざァ

一緒(いっしょ)に

▶ play together 一緒(いっしょ)に遊ぶ

0087

ago

[əgóu]
アゴウ

(今から)~前に

▶ ten years ago 10年前に

前置詞(ぜんちし)

0088

by

[bai]
バイ

~で，~によって，~までに，~のそばに

▶ by bus バスで

0089

around

[əráund]
アラウンド

~のあちこちを[に]，~の周りを[に]

副 あちこちに[で]，およそ~

▶ travel around Europe
ヨーロッパのあちこちを旅行する

0090

during

[dә́:riŋ]
ドゥーリング

~の間(中)

▶ during lunch break 昼休みの間

0091

over

[óuvər]
オウヴァ

~を超(こ)えて，~より多く，~の上に

(⇔ under ~未満の，~の下に)

形 終わって

▶ over a hundred people 100人を超(こ)える人々

接続詞

0092

when
[(h)wen]
(フ)ウェン

…するときに

副 いつ

► **when I was ten** 私が10歳だったときに

0093

because
[bikɔ́(:)z]
ビコ(ー)ズ

(なぜなら)…なので，…だから

★後に〈主語＋動詞〉の形で理由を続ける

► **because I was busy** 私は忙しかったので

0094

before
[bifɔ́:*r*]
ビふぉー

…する前に（⇔ after …した後で）

前 〜の前に　副 以前に

► **before I have dinner**
私が夕食を食べる前に

0095

if
[if]
イふ

もし…ならば

★「もし…ならば」の意味では未来のことでも現在形で表す

► **if it's sunny tomorrow** もし明日晴れたら

0096

than
[ðæn]
ざン

（形容詞・副詞の比較級の後に置いて）…よりも

► **It's colder than yesterday.**
昨日よりも寒い。

代名詞

0097

one
[wʌn]
ワン

もの，1つ，人

★直前で話題になった数えられる名詞の代わりに使う

► **The green one, please.**
緑のものをください。

0098

all
[ɔ:l]
オーる

すべての人，すべてのもの

形 すべての

► **all of my friends** 私の友だち全員

助動詞

0099

could

[kud]
クッド

(canの過去形)～できた

★Could you ～?「～していただけますか」でていねいな依頼も表す

►I couldn't meet him. 私は彼に会えなかった。

0100

should

[ʃud]
シュッド

～すべきだ，～したほうがよい

►We should hurry.
私たちは急ぐべきだ。

● 単語を覚えるコツ

つづりと発音を確実に覚える方法を考えてみましょう。
たとえばdifferent(➡0072)は文字数が多い語ですね。つづりを覚えようとすると，文字の並びに目を凝らすのではないでしょうか。でも，つづりはどんなにじっくり見ても，それだけでは覚えられません。必要なのは実際に書くことです。単語のつづりをノートに書き写し，自分でつづれるようになるまで何度も書くことが重要です。
また，単語は正確な発音も身につけなければなりません。
enough(➡0182)やmuseum(➡0143)は，つづりから発音やアクセントの位置を想像するのは難しいですね。ところがこの2つの語は筆記問題にもリスニング問題にもよく出ます。つまり，つづりと意味がわかるだけではなく，聞き取れなければ得点につながらないわけです。そのためには，実際に繰り返し発音してみて，正しい発音を耳に覚えこませることが大切です。
どれだけ書いてどれだけ発音したか——それが単語を自分のものにするカギなのです。

Section 2

見出し語番号 0101~0200

動詞

0101 **forget** [fərgét] ふォゲット
(を)忘れる(⇔ remember (を)思い出す，(を)覚えている)
★ [過去] forgot [過分] forgotten, forgot
► **forget her name** 彼女の名前を忘れる

0102 **break** [breik] ブレイク
を割る，を壊す，を折る
★ [過去] broke [過分] broken
★ brokenは形容詞「折れた，壊れた」でもよく使う
► **break a cup** カップを割る

0103 **learn** [ləːrn] ら～ン
(を)学ぶ，を習う
► **learn about foreign cultures** 外国の文化について学ぶ

0104 ⚠発音 **close** [klouz] クろウズ
を閉める，閉まる [≒ shut] (⇔ open (を)開く)
形 [klous クろウス] 近い
► **close the window** 窓を閉める

0105 **hold** [hould] ホウるド
(会など)を開く，を持つ
★ [過去・過分] held
► **hold an event** イベントを開く

0106 **decide** [disáid] ディサイド
(を)決める
► **decide my own future** 自分自身の将来を決める

0107 **grow** [grou] グロウ
を栽培する，を育てる，育つ
★ [過去] grew [過分] grown
► **grow tomatoes** トマトを栽培する

0108

try
[trai]
トゥライ

(を)試す，(を)試みる，努力する
〈to *do* ～しようと〉
► **try a new restaurant**
新しいレストランを試してみる

0109

happen
[hǽp(ə)n]
ハプン

起こる
► **What happened to the boy?**
その男の子に何が起こったのか。

0110 ⚠発音

lose
[luːz]
るーズ

をなくす，を失う，(に)負ける(⇔ win (に)勝つ)
★ [過去・過分] lost
► **lose my wallet** 財布をなくす

0111

arrive
[əráiv]
アライヴ

到着する
► **arrive early** 早く到着する

0112

send
[send]
センド

を送る
★ [過去・過分] sent
► **send a letter** 手紙を送る

0113

borrow
[bɔ́ːrou]
ボーロウ

を借りる(⇔ lend を貸す)
► **borrow a book from the library**
図書館から本を借りる

0114

build
[bild]
ビるド

を建てる，を造る
★ [過去・過分] built
► **build a house** 家を建てる

0115

draw
[drɔː]
ドゥロー

(絵・図)を描く，(線)を引く
★ [過去] drew [過分] drawn
drawing 名 線画，スケッチ，図面
► **draw a picture with a pen** ペンで絵を描く

break「を割る，を壊す，を折る」は過去・過去分詞でもよく出るよ。

0116

hear
[hiər]
ヒア

を聞いて知る［耳にする］，が聞こえる
★［過去・過分］heard
► **hear the news** そのニュースを聞いて知る

0117

carry
[kǽri]
キャリィ

を運ぶ，を持ち歩く
► **carry the boxes into the house** 箱を家の中へ運ぶ

0118

check
[tʃek]
チェック

を調べる
► **check the website** ウェブサイトを調べる

0119

pay
[pei]
ペイ

(を)支払う
★［過去・過分］paid
► **pay fifty dollars** 50ドルを支払う

0120

marry
[mǽri]
マリィ

(と)結婚する
► **marry him** 彼と結婚する

0121

miss
[mis]
ミス

に乗り遅れる(⇔ catch に間に合う)，をし損なう，がいなくてさびしく思う
► **miss the last train** 最終電車に乗り遅れる

0122

remember
[rimémbər]
リメンバァ

(を)思い出す，(を)覚えている(⇔ forget (を)忘れる)
► **remember his name** 彼の名前を思い出す

0123

turn
[təːrn]
ターン

(を)曲がる，を回す，回る
名 順番，番
► **turn to the right** 右に曲がる

名詞

0124 beach [biːtʃ] ビーチ

海辺，浜辺，砂浜

► go to the beach 海辺へ行く

0125 fun [fʌn] ふァン

楽しみ

► have a lot of fun 大いに楽しむ

0126 idea [aidí(ː)ə] アイディ(ー)ア ⚠ アクセント

考え，アイデア

► a good idea いい考え

0127 present [préz(ə)nt] プレズント

プレゼント [≒ gift]

★ giftは改まった贈り物に使う

► a birthday present 誕生日プレゼント

0128 company [kʌ́mp(ə)ni] カンパニィ

会社

► a computer company コンピューター会社

0129 event [ivént] イヴェント ⚠ アクセント

行事，イベント

► a school event 学校行事

0130 bike [baik] バイク

自転車 [= bicycle]

► ride a bike 自転車に乗る

fun「楽しみ」と fan「ファン」を混同しないようにね。

0131

store

[stɔːr]
ストー

店 [= shop]

► **a toy store** おもちゃ屋，玩具店

0132

street

[striːt]
ストゥリート

通り

► **cross the street** 通りを渡る

0133

thing

[θiŋ]
すィング

もの，こと

► **move the things on my desk**
私の机の上にあるものを動かす

0134

glasses

[glǽsəz]
グラスィズ

めがね

► **wear glasses** めがねをかけている

0135

a.m.

[èiém]
エイエム

午前 (⇔ p.m. 午後)

► **at 9 a.m.** 午前9時に

0136

computer

[kəmpjúːtər]
コンピュータァ

コンピューター

► **use a computer** コンピューターを使う

0137 ⚠ 発音

country

[kʌ́ntri]
カントゥリィ

国，(the ~) いなか

► **visit many countries**
たくさんの国を訪れる

0138

p.m.

[piːém]
ピーエム

午後 (⇔ a.m. 午前)

► **at 2 p.m.** 午後2時に

0139

problem

[prá(:)bləm]
プラ(ー)ブれム

問題

► have a problem with my grade
私の成績に問題がある

0140

pumpkin

[pʌ́m(p)kin]
パン(プ)キン

カボチャ

► a pumpkin pie カボチャのパイ

0141

zoo

[zuː]
ズー

動物園

► see animals at the zoo
動物園で動物を見る

0142

floor

[flɔːr]
ふろー

(建物の)階，床

► on the fifth floor 5階に

0143 ⚠ アクセント

museum

[mju(:)zí(:)əm]
ミュ(ー)ズィ(ー)アム

博物館，美術館

► an art museum 美術館

0144

way

[wei]
ウェイ

方法，道，方向

► a good way to learn English
英語を学ぶのによい方法

0145

band

[bænd]
バンド

(音楽の)バンド

► play the guitar in a band
バンドでギターを弾く

0146 ⚠ 発音

clothes

[klouz]
クろウズ

衣服

► change clothes 服を着替える

clothes「衣服」と close 動「を閉める，閉まる」形「近い」の発音に注意。

0147

speech

[spiːtʃ]

スピーチ

スピーチ，演説

speak 動 (を)話す

► **give a speech** スピーチをする

0148

weather

[wéðər]

ウェざァ

天気，天候

► **bad weather** 悪い天気，悪天候

0149

supermarket

[súːpərmàːrkət]

スーパマーケット

スーパーマーケット

► **go shopping at a supermarket**
スーパーマーケットへ買い物に行く

0150

uncle

[ʌ́ŋkl]

アンクる

おじ (⇔ aunt おば)

► **an uncle who lives in London**
ロンドンに住んでいるおじ

0151

newspaper

[núːzpèipər]

ヌーズペイパァ

新聞

★単にpaperとも言う

► **read a newspaper** 新聞を読む

0152

photo

[fóutou]

ふォウトウ

写真

► **take a photo** 写真を撮る

0153

star

[stɑːr]

スター

星，(映画・スポーツなどの)スター

★starは「恒星」で，「惑星」はplanet

► **look at the stars** 星を見る

0154

grandparent

[grǽn(d)pè(ə)r(ə)nt]

グラン(ド)ペ(ア)レント

祖父，祖母，(~s)祖父母[祖父たち，祖母たち]

► **visit my grandparents** 祖父母を訪ねる

0155
holiday
[hɑ́(ː)lədei]
ハ(ー)りデイ

祝日，休日
► **on a holiday** 祝日に

0156
hospital
[hɑ́(ː)spitl]
ハ(ー)スピトゥる

病院
► **go to the hospital** 病院へ行く

0157
pie
[pai]
パイ

パイ
► **an apple pie** アップルパイ

0158
plane
[plein]
プれイン

飛行機 [= airplane]
★ airplaneの略
► **travel by plane** 飛行機で旅行する

0159
poster
[póustər]
ポウスタァ

ポスター
► **put a poster on the wall**
ポスターを壁にはる

0160
prize
[praiz]
プライズ

賞，賞品 [= award]
► **win a prize** 賞を取る

0161
report
[ripɔ́ːrt]
リポート

報告(書)，レポート
動 (を)報告する
reporter 名 記者，通信員
► **write a report** 報告書を書く

0162
sir
[səːr]
サ～

(男性に対して)お客さま，先生(⇔ ma'am (女性に対して) お客さま，先生)
★ 尊敬をこめた呼びかけに使う
► **Certainly, sir.** 承知しました，お客さま。

reportの発音は「レポート」ではなく「リポート」だよ。

0163

stop

[stɑ(:)p]
スタ(ー)ップ

(バスなどの)停留所(ていりゅうじょ)，止まること

動 を止める，止まる

► the next stop 次の停留所(ていりゅうじょ)

0164

dish

[diʃ]
ディッシ

皿，料理

► wash the dishes 皿を洗(あら)う

0165

doctor

[dɑ́(:)ktər]
ダ(ー)クタァ

医者，医師(いし)，博士(はかせ)

★「看護師(かんごし)」はnurse

► go to the doctor 医者に診(み)てもらいに行く

0166

e-mail

[í:meil]
イーメイる

Eメール

動 (人)にEメールを送る

► write an e-mail Eメールを書く

0167

gym

[dʒim]
ヂム

体育館

► play basketball in the gym
体育館でバスケットボールをする

0168

sandwich

[sǽn(d)witʃ]
サン(ド)ウィッチ

サンドイッチ

► an egg sandwich 卵(たまご)サンドイッチ

形容詞(けいようし)

0169 ⚠ 発音

right

[rait]
ライト

右の(⇔ left 左の)，正しい(⇔ wrong 間違(まちが)った)

名 右　副 右に，ちょうど

► in his right hand 彼(かれ)の右手に

0170
most
[moust]
モウスト

大部分の，(many, muchの最上級で通例 the ~)最も多くの
副 (muchの最上級)最も
► **most students** 大部分の生徒

0171
better
[bétər]
ベタァ

(good, wellの比較級(ひかくきゅう))よりよい
副 (wellの比較級(ひかくきゅう))よりよく，よりじょうずに
► **a better grade** よりよい成績(せいせき)

0172
little
[lítl]
リトゥる

(a ~)少しの
► **a little water** 少しの水

0173 ⚠ アクセント
delicious
[dilíʃəs]
ディりシャス

とてもおいしい
► **look delicious**
とてもおいしそうに見える

0174 ⚠ 発音
ready
[rédi]
レディ

用意ができて
► **Dinner is ready!**
夕食の用意ができたよ！

0175
sick
[sik]
スィック

病気の，気分の悪い
► **get sick** 病気にかかる

0176
expensive
[ikspénsiv]
イクスペンスィヴ

高価(こうか)な (⇔ cheap 安い)
► **an expensive car** 高価(こうか)な車

0177
best
[best]
ベスト

(good, wellの最上級)最もよい，最もじょうずな
副 (wellの最上級)最もよく，最もじょうずに
► **the best way** 最もよい方法

good, well の比較級(ひかくきゅう) better と最上級 best を一緒(いっしょ)に覚えよう。

0178

difficult

[dífik(ə)lt]
ディふィクるト

難しい [≒ hard] (⇔ easy 簡単な)
difficulty 名 難しさ，困難
► a difficult question 難しい質問

0179 ⚠ アクセント

interesting

[ínt(ə)rəstiŋ]
インタレスティング

興味深い，おもしろい (⇔ boring 退屈な)
► an interesting story 興味深い話

0180

another

[ənʌ́ðər]
アナざァ

もう1つ[1人]の，別の
★後には数えられる名詞の単数形がくる
► another cup of tea もう1杯の紅茶

0181

beautiful

[bjú:təf(ə)l]
ビューティふる

美しい，きれいな
► beautiful flowers 美しい花々

0182 ⚠ 発音

enough

[inʌ́f]
イナふ

十分な
副 十分に
► have enough money 十分なお金がある

0183

French

[frentʃ]
ふレンチ

フランスの，フランス人[語]の
名 フランス語
► a French student フランス人の生徒

0184

Italian

[itǽljən]
イタりャン

イタリアの，イタリア人[語]の
名 イタリア人[語]
► an Italian restaurant イタリア料理店

0185

cheap

[tʃi:p]
チープ

安い (⇔ expensive 高価な)，安っぽい
cheaply 副 安く
► a cheap ticket 安いチケット

0186 Chinese
[tʃàiníːz]
チャイニーズ

中国の，中国人[語]の
名 中国人[語]
► Chinese food 中国[中華]料理

0187 important
[impɔ́ːrt(ə)nt]
インポータント

重要な
importance 名 重要性
► an important notice 重要なお知らせ

副詞

0188 ever
[évər]
エヴァ

(疑問文で)今までに
★現在完了の疑問文でよく使う
► Have you ever played tennis?
今までにテニスをしたことがありますか。

0189 outside
[àutsáid]
アウトサイド

外(側)で[に，へ]
前 ～の外(側)で[に]　名 外(側)
► play outside 外で遊ぶ

0190 never
[névər]
ネヴァ

一度も～ない，決して～ない
★「一度も～ない」の意味では現在完了の文でよく使う
► I've never seen it.
私は一度もそれを見たことがない。

0191 again
[əgén]
アゲン

また，ふたたび
► try again またやってみる

0192 later
[léitər]
れイタァ

(lateの比較級の1つ)後で
► call back later 後で電話をかけ直す

anotherはan＋other（他の）という構造だから名詞の単数形が続くよ。

0193 □□□

yet
[jet]
イエット

(否定文で)まだ(～ない)，(疑問文で)もう

►**I haven't started reading yet.**
私はまだ読み始めていない。

0194 □□□

each
[iːtʃ]
イーチ

1個[1人]につき

形 それぞれの　代 それぞれ

►**five dollars each** 1個につき5ドル

0195 □□□

once
[wʌns]
ワンス

1度，かつて，以前

►**I've been here once.**
私はここに1度来たことがある。

0196 □□□

already
[ɔːlrédi]
オーるレディ

(肯定文で)すでに，もう

►**She has already finished it.**
彼女はすでにそれを終えた。

前置詞

0197 □□□

until
[əntíl]
アンティる

～まで

接 …するときまで

►**until eight o'clock** 8時まで

代名詞

0198 □□□

something
[sʌ́mθiŋ]
サムすィング

何か，あるもの

►**eat something** 何か食べる

0199

anything

[éniθiŋ]
エニすィング

(疑問文で)何か，(否定文で)何も(～ない)

► **Are you planning anything special?**
何か特別なことを予定しているか。

助動詞

0200

must

[mʌst]
マスト

～しなければならない

★「～しなければならなかった」はhad to *do*を使う

► **I must go to the dentist.**
私は歯医者に行かなければならない。

Section 2が終わったね！　少し休憩しよう。

でる度 A 常にでる基本単語

Section 3

見出し語番号 0201~0300

動詞

0201

begin
[bigín]
ビギン

を始める，始まる（⇔ end, finish を終える，終わる）

★［過去］began　［過分］begun

► **begin my homework** 宿題を始める

0202

catch
[kætʃ]
キャッチ

をつかまえる，に間に合う（⇔ miss に乗り遅れる）

★［過去・過分］caught

► **catch a fish** 魚をつかまえる

0203

invite
[inváit]
インヴァイト

を招待する

► **invite ten people** 10人を招待する

0204

feel
[fi:l]
ふィーる

（体調・気分を）感じる

★［過去・過分］felt

► **How do you feel?** 気分はどう？

0205

choose
[tʃu:z]
チューズ

（を）選ぶ

★［過去］chose　［過分］chosen

► **choose the best book** 最もよい本を選ぶ

0206

hike
[haik]
ハイク

ハイキングをする

名 ハイキング

► **go hiking** ハイキングに行く

0207

keep
[ki:p]
キープ

を保つ，を持ち続ける，をとっておく，（動物など）を飼う

★［過去・過分］kept

► **keep the beach clean** 海辺をきれいに保つ

0208 **worry** [wə́ːri] ワ～リィ

(受身形で)心配する，を心配させる
㊔ 心配
► **be a little worried** 少し心配している

0209 **camp** [kæmp] キャンプ

キャンプする
㊔ キャンプ
► **go camping** キャンプに行く

0210 **celebrate** [séləbreit] セれブレイト ⚠アクセント

を祝う
celebration ㊔ 祝賀，祝典
► **celebrate her birthday** 彼女の誕生日を祝う

0211 **guess** [ges] ゲス

…だと思う [= think]，(を)推測する
★「…だと思う」の意味ではthinkよりもくだけた言い方
► **I guess you're right.** 私はあなたは正しいと思う。

0212 **pass** [pæs] パス

(に)合格する (⇔ fail (試験)に落ちる)，を手渡す
► **pass the test** 試験に合格する

0213 **relax** [rilǽks] リらックス

くつろぐ
► **go to the park to relax** くつろぐために公園へ行く

0214 **spend** [spend] スペンド

(時間)を過ごす，(お金など)を使う
★ [過去・過分] spent
► **spend time with my family** 家族と時間を過ごす

go hiking や go camping など go ～ing は「～しに行く」。

名詞

0215 **camera** [kǽm(ə)rə] キャメラ	カメラ ► buy a small camera 小さなカメラを買う
0216 ⚠発音 **cousin** [kʌ́z(ə)n] カズン	いとこ ► a cousin who lives in Rome ローマに住んでいるいとこ
0217 **grandmother** [grǽn(d)mʌ̀ðər] グラン(ド)マざァ	祖母 [= grandma] (⇔ grandfather 祖父) ★ grandma「おばあちゃん」はくだけた言い方 ► see my grandmother 祖母に会う
0218 **mountain** [máunt(ə)n] マウントゥン	山 ► go to the mountains 山へ行く
0219 **space** [speis] スペイス	宇宙，空間 ► a trip to space 宇宙旅行
0220 **theater** [θíətər] すィアタァ	劇場，映画館 ► a movie theater 映画館
0221 **wallet** [wá(:)lət] ワ(ー)れット	財布 ► leave my wallet at home 財布を家に置き忘れる
0222 **bookstore** [búkstɔ:r] ブックストー	書店 ► work at a bookstore 書店で働く

0223

college
[ká(:)lidʒ]
カ(ー)れッヂ

大学 [≒ university], 単科大学
★ 一般的(いっぱんてき)に大学院を持たない規模(きぼ)の小さな大学
▶ **go to college** 大学に通う

0224

color
[kʌ́lər]
カらァ

色
colorful 形 色鮮(いろあざ)やかな
▶ **the same color** 同じ色

0225

dictionary
[díkʃəneri]
ディクショネリィ

辞書
▶ **use a dictionary** 辞書を使う

0226

dollar
[dá(:)lər]
ダ(ー)らァ

ドル
★ アメリカなどの貨(か)へい単位で記号は $ で表す
▶ **eight dollars and fifty cents**
8 ドル 50 セント

0227

garden
[gá:rd(ə)n]
ガードゥン

庭
▶ **grow flowers in the garden**
庭で花を育てる

0228

husband
[hʌ́zbənd]
ハズバンド

夫 (⇔ wife 妻(つま))
▶ **with my husband** 夫と一緒(いっしょ)に

0229

key
[ki:]
キー

かぎ
▶ **a car key** 車のかぎ

0230

nurse
[nə:rs]
ナ〜ス

看護師(かんごし)
★「医師(いし)」は doctor
▶ **want to be a nurse** 看護師(かんごし)になりたい

dollar「ドル」の発音は「ダ(ー)らァ」。聞き取れるようにしよう。

0231

pool
[puːl]
プーる

(水泳用の)プール

► swim in a pool プールで泳ぐ

0232

writer
[ráitər]
ライタァ

作家，書く人

► a famous writer 有名な作家

0233

aunt
[ænt]
アント

おば (⇔ uncle おじ)

► an aunt working at a supermarket
スーパーマーケットで働いているおば

0234

classroom
[klǽsruːm]
クらスルーム

教室

► clean the classroom 教室を掃除(そうじ)する

0235

gift
[gift]
ギふト

贈(おく)り物 [≒ present]

★ presentよりも改まった贈(おく)り物に使う

► receive a gift 贈(おく)り物を受け取る

0236

group
[gruːp]
グループ

グループ，集団(しゅうだん)

► a volunteer group ボランティアグループ

0237

line
[lain]
らイン

列，線

► wait in a long line 長い列に並(なら)んで待つ

0238

member
[mémbər]
メンバァ

一員

► a member of the cooking club
料理部の一員

0239 **passage** [pǽsidʒ] パセッヂ	(文章の)一節 ► read a passage 一節を読む
0240 **university** [jùːnivə́ːrsəti] ユーニヴァ～スィティ	大学 [≒ college], 総合大学 ★ 複数の学部・大学院を持つ大学 ► study history at university 大学で歴史を勉強する
0241 **wedding** [wédiŋ] ウェディング	結婚式 ► go to my cousin's wedding いとこの結婚式に行く
0242 **wife** [waif] ワイふ	妻 (⇔ husband 夫) ► he and his wife 彼とその妻
0243 **word** [wəːrd] ワ～ド	単語 ★「文」は sentence ► the spelling of the word その単語のつづり
0244 **airport** [éərpɔːrt] エアポート	空港 ► at the airport 空港で
0245 **apartment** [əpáːrtmənt] アパートメント	アパート ★ 集合住宅内の1世帯分の住居を指す ► live in an apartment アパートに住む
0246 **building** [bíldiŋ] ビるディング	建物, ビル ► a tall building 高い建物

airport は air「空」+ port「港」の組み合わせだよ。

0247

coat
[kout]
コウト

（衣服の）コート
► **put on a coat** コートを着る

0248

farm
[fɑːrm]
ふァーム

農場
farmer 名 農場経営者
► **work on a farm** 農場で働く

0249

part
[pɑːrt]
パート

部分，役目
► **the final part of the novel**
その小説の最後の部分

0250

phone
[foun]
ふォウン

電話 [= telephone]
★ telephoneの短縮形。「携帯電話」はcell phone，「スマートフォン」はsmartphone
► **talk on the phone** 電話で話す

0251 ⚠ 発音

son
[sʌn]
サン

息子 (⇔ daughter 娘)
► **be proud of my son**
息子を誇りに思っている

0252

textbook
[tékstbuk]
テクストブック

教科書
► **open the textbook** 教科書を開く

0253 ⚠ 発音

tournament
[túərnəmənt]
トゥアナメント

トーナメント，選手権試合 [大会]
► **a tennis tournament**
テニスのトーナメント

0254

vegetable
[védʒtəbl]
ヴェヂタブる

（通例 ～s）野菜
► **grow vegetables** 野菜を栽培する

0255 □□□

area
[é(ə)riə]
エ(ア)リア

区域，地域

► **in this area** この区域 [地域] で

0256 □□□

bakery
[béik(ə)ri]
ベイカリィ

パン屋

► **the bakery that opened last week**
先週開店したパン屋

0257 □□□ ⚠ 発音

business
[bíznəs]
ビズネス

商売，仕事

► **start a new business**
新しい商売を始める

0258 □□□

cafeteria
[kæfətí(ə)riə]
キャふェティ(ア)リア

カフェテリア，(セルフサービスの) 食堂

► **have lunch at a cafeteria**
カフェテリアで昼食をとる

0259 □□□ ⚠ 発音

daughter
[dɔ́ːtər]
ドータァ

娘 (⇔ son 息子)

► **have a daughter** 娘がいる

0260 □□□

health
[helθ]
へるす

健康

healthy 形 健康(的)な

► **good for health** 健康によい

0261 □□□

information
[ìnfərméiʃ(ə)n]
インふォメイション

情報

► **information from the newspaper**
新聞の情報

0262 □□□ ⚠ アクセント

Internet
[íntərnet]
インタァネット

(通例 the ～) インターネット

► **buy clothes on the Internet**
インターネットで服を買う

coat「(衣服の) コート」と court「(テニスなどの) コート」を区別しよう。

0263

lake

[leik]
れイク

湖

► **by the lake** その湖のそばに

0264

pizza

[píːtsə]
ピーツァ

ピザ

► **a slice of pizza** 1切れのピザ

0265 ⚠ アクセント

police

[pəlíːs]
ポリース

(the ~) 警察(けいさつ)

► **the police station** 警察署(けいさつしょ)

0266

reason

[ríːz(ə)n]
リーズン

理由

► **the reason for being late** 遅(おく)れた理由

0267

sale

[seil]
セイる

セール，特売

► **a special sale** 特別セール

0268

snack

[snæk]
スナック

軽い食事，おやつ

► **have a snack at the cafeteria**
カフェテリアで軽い食事をする

0269

stadium

[stéidiəm]
ステイディアム

競技場(きょうぎじょう)，スタジアム

► **a soccer stadium** サッカー競技場(きょうぎじょう)

形容詞

0270
main
[mein]
メイン

おもな，主要な

► the main event おもなイベント

0271
angry
[ǽŋgri]
アングリィ

怒っている

► He is angry with me.
彼は私に対して怒っている。

0272
own
[oun]
オウン

自分自身の

動 を所有する

owner 名 所有者

► my own company 自分自身の会社

0273
professional
[prəféʃ(ə)n(ə)l]
プロふェショヌる

プロの，専門職の

► a professional baseball player
プロ野球選手

0274
sad
[sæd]
サッド

悲しい (⇔ glad, happy うれしい)

sadness 名 悲しみ

► look sad 悲しそうに見える

0275
both
[bouθ]
ボウす

両方［者］の

代 両方［者］

► both sides of the street 通りの両側

0276
dear
[diər]
ディア

(手紙の冒頭で) 親愛なる～さま

► Dear Mr. White,
親愛なるホワイトさま，

pizza の発音は「ピザ」ではなくて「ピーツァ」だよ。

0277

excited
[iksáitid]
イクサイティッド

(人が)わくわくした

★物事が「(人を)わくわくさせる」はexciting

► **be excited about traveling abroad**
海外を旅行することについてわくわくしている

0278

sunny
[sʌ́ni]
サニィ

晴れた

► **It'll be sunny tomorrow.**
明日は晴れるだろう。

0279

cute
[kjuːt]
キュート

かわいい

► **a cute puppy** かわいい子犬

0280

fine
[fain]
ふァイン

結構(けっこう)な，晴れた，元気な

► **Any place is fine.** どの場所でも結構(けっこう)だ。

0281

glad
[glæd]
グらッド

うれしい[= happy] (⇔ sad 悲しい)

► **I'm glad that you won the game.**
私(わたし)はあなたが試合に勝ってうれしい。

0282

healthy
[hélθi]
へるすィ

健康(的)な

health 名 健康

► **healthy food** 健康的な食べ物

0283

heavy
[hévi]
ヘヴィ

重い(⇔ light 軽い)，激(はげ)しい

► **a heavy bag** 重いかばん

0284

same
[seim]
セイム

(the ~) 同じ

► **the same class** 同じクラス

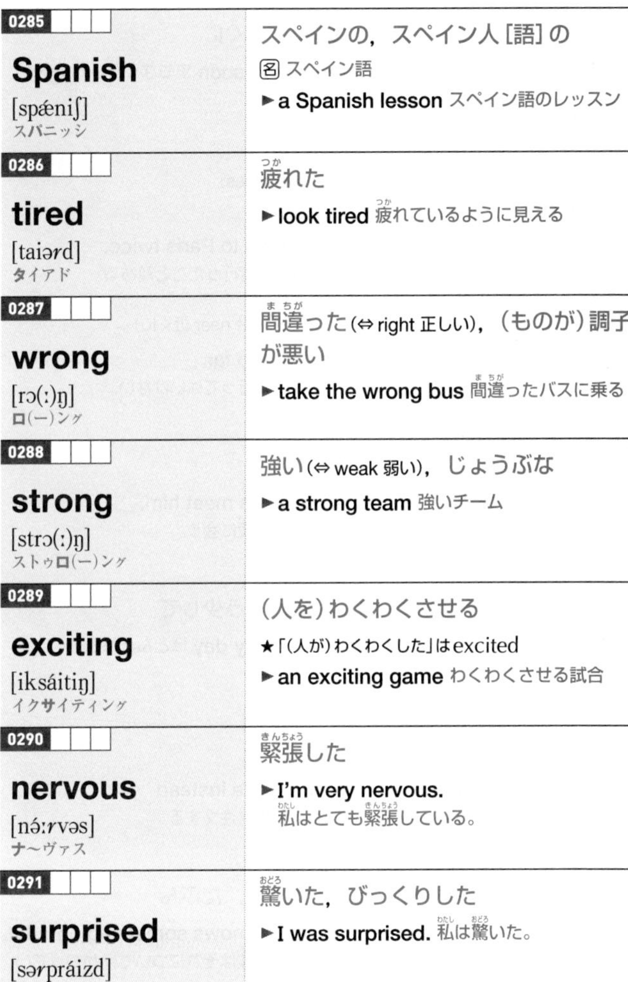

0285

Spanish
[spǽniʃ]
スパニッシ

スペインの，スペイン人［語］の
名 スペイン語
► **a Spanish lesson** スペイン語のレッスン

0286

tired
[taiərd]
タイアド

疲れた
► **look tired** 疲れているように見える

0287

wrong
[rɔ(ː)ŋ]
ロ(ー)ング

間違った（⇔ right 正しい），（ものが）調子が悪い
► **take the wrong bus** 間違ったバスに乗る

0288

strong
[strɔ(ː)ŋ]
ストゥロ(ー)ング

強い（⇔ weak 弱い），じょうぶな
► **a strong team** 強いチーム

0289

exciting
[iksáitiŋ]
イクサイティング

（人を）わくわくさせる
★「（人が）わくわくした」はexcited
► **an exciting game** わくわくさせる試合

0290

nervous
[nə́ːrvəs]
ナ～ヴァス

緊張した
► **I'm very nervous.**
私はとても緊張している。

0291

surprised
[sərpráizd]
サプライズド

驚いた，びっくりした
► **I was surprised.** 私は驚いた。

副詞

0292

soon

[suːn]
スーン

まもなく，すぐに

► **come back soon** まもなく戻ってくる

0293

twice

[twais]
トゥワイス

2度 [= two times]

★「1度」はonce

► **I have been to Paris twice.**
私はパリに2度行ったことがある。

0294

far

[fɑːr]
ふァー

遠くに［へ］ (⇔ near 近くに)

► **Don't go too far.**
あまり遠くに行ってはいけない。

0295

sometimes

[sʌ́mtaimz]
サムタイムズ

ときどき

► **I sometimes meet him.**
私はときどき彼に会う。

0296

almost

[ɔ́ːlmoust]
オーるモウスト

ほとんど，もう少しで

► **almost every day** ほとんど毎日

0297

instead

[instéd]
インステッド

代わりに

► **order a pizza instead**
代わりにピザを注文する

0298

maybe

[méibi(ː)]
メイビ(ー)

もしかすると，たぶん

► **Maybe he knows something about it.**
もしかすると彼はそれについて何か知っているかもしれない。

前置詞（ぜんちし）

0299

since
[sins]
スィンス

～から（今まで），～以来
接 …して以来
★ふつう現在完了（げんざいかんりょう）の文で使う
► since this morning 今朝から

接続詞（せつぞくし）

0300

while
[(h)wail]
（フ）ワイる

…している間に
► while I'm out 私（わたし）が外出している間に

これで「でる度 A」は終わりだよ。がんばったね！

単語編 でる度 A チェックテスト

1 下線部の語句の意味を①～③の中からひとつ選びましょう。

(1) **almost** every day　①ときどき　②すでに　③ほとんど

(2) **forget** her name　①を忘れる　②を言う　③を思い出す

(3) **information** from the newspaper　①単語　②情報　③報告

(4) my **favorite** singer　①特別な　②有名な　③お気に入りの

2 日本語に合うように（　）に英単語を入れましょう。

(1) 重いかばん　a (　　　) bag

(2) まだ風邪をひいている　(　　　) have a cold

(3) めがねをかけている　wear (　　　)

(4) 彼をケンと呼ぶ　(　　　) him Ken

3 下線部の単語の意味と，その反意語を答えましょう。

(1) be proud of my **son** ⇔ be proud of my (　　　)
(　　　)を誇りに思っている

(2) **sell** old books ⇔ (　　　) old books
古本(　　　)

(3) an **expensive** car ⇔ a (　　　) car
(　　　)車

正解

1 (1) ③(→**0296**)　(2) ①(→**0101**)　(3) ②(→**0261**)　(4) ③(→**0068**)
2 (1) heavy(→**0283**)　(2) still(→**0085**)　(3) glasses(→**0134**)
(4) call(→**0008**)
3 (1) daughter／息子(→**0251**)　(2) buy／を売る(→**0017**)
(3) cheap／高価な(→**0176**)

単語編（たんごへん）

よくでる重要単語 300

でる度 B よくでる重要単語

Section 4

見出し語番号 0301~0400

動詞

0301 **change** [tʃeindʒ] チェインヂ	を変える，変わる 名 おつり ► **change the plan** 予定を変える
0302 **hurry** [hə́ːri] ハ～リィ	急ぐ ► **hurry to the station** 駅へ急ぐ
0303 **hurt** [həːrt] ハ～ト	を傷つける，にけがをさせる，痛む ★ [過去・過分] hurt ► **hurt my leg** 脚をけがする
0304 **introduce** [ìntrədúːs] イントゥロドゥース	を紹介する introduction 名 紹介 ► **introduce myself** 自己紹介する
0305 **sleep** [sliːp] スリープ	眠る 名 睡眠，眠り ★ [過去・過分] slept sleepy 形 眠い ► **sleep about eight hours** 約8時間眠る
0306 **snow** [snou] スノウ	(itを主語として) 雪が降る 名 雪，降雪 snowy 形 雪の降る，雪の多い ► **It's snowing.** 雪が降っている。
0307 **bake** [beik] ベイク	(オーブンでパンなど) を焼く ► **bake a cake** ケーキを焼く

0308

believe [bilíːv] ビリーヴ

(を)信じる

► believe that he can win
彼が勝てると信じる

0309

contact [ká(ː)ntækt] カ(ー)ンタクト

に連絡をとる

► contact the company office
会社の事務所に連絡をとる

0310

order [ɔ́ːrdər] オーダァ

(を)注文する

名 注文

► order spaghetti スパゲッティを注文する

0311

perform [pərfɔ́ːrm] パふォーム

を上演する，(を)演じる，(を)演奏する

performance 名 上演，演技，演奏

► perform a play 劇を上演する

0312

return [ritə́ːrn] リタ～ン

を返す，戻る

► return a book to the library
図書館に本を返す

0313

save [seiv] セイヴ

を救う，を貯める，を節約する

► save people's lives 人々の命を救う

0314

collect [kəlékt] コレクト

を集める

collection 名 収集(物)

► collect garbage ごみを回収する

0315

cost [kɔ(ː)st] コ(ー)スト

(費用)がかかる

名 値段，費用

★ [過去・過分] cost

► cost ten dollars 10 ドルかかる

collect は 動 で「を集める」。correct は 形 で「正しい」。

0316

design
[dizáin]
ディザイン

をデザイン[設計(せっけい)]する
名 デザイン
► **design clothes** 服をデザインする

0317

enter
[éntər]
エンタァ

(に)入る[= go into ~]
entrance 名 入り口
► **enter the room** 部屋に入る

0318

throw
[θrou]
すロウ

(を)投げる
★[過去] threw [過分] thrown
► **throw a ball** ボールを投げる

0319

understand
[ʌndərstǽnd]
アンダスタンド

(を)理解(りかい)する
★[過去・過分] understood
► **understand the meaning**
意味を理解(りかい)する

名詞(めいし)

0320 ⚠ アクセント

badminton
[bǽdmint(ə)n]
バドミントゥン

バドミントン
► **play badminton** バドミントンをする

0321

bottle
[bá(:)tl]
バ(ー)トゥる

びん
► **three bottles of wine**
3本のびん入りのワイン

0322

café
[kæféi]
キャふェイ

喫茶店(きっさてん)
► **talk at a café** 喫茶店(きっさてん)で話をする

0323 **cookie** [kúki] クッキィ	クッキー ► **make cookies** クッキーを作る
0324 **end** [end] エンド	終わり（⇔ beginning 始まり） 動 を終える，終わる ► **until the end of this month** 今月の終わりまで
0325 **grade** [greid] グレイド	成績（せいせき），学年，等級 ► **get a bad grade** 悪い成績（せいせき）を取る
0326 **grandfather** [grǽn(d)fɑ̀ːðər] グラン(ド)ふァーざァ	祖父（そふ）[= grandpa]（⇔ grandmother 祖母（そぼ）） ★ grandpa「おじいちゃん」はくだけた言い方 ► **go fishing with my grandfather** 祖父（そふ）と釣（つ）りに行く
0327 **hall** [hɔːl] ホーる	ホール，会館，集会場，役所 ★ city[town] hall で「市役所」 ► **a concert hall** コンサートホール
0328 **letter** [létər] れタァ	手紙，文字 ► **write a letter** 手紙を書く
0329 **parade** [pəréid] パレイド	パレード ► **take part in a parade** パレードに参加する
0330 **performance** [pərfɔ́ːrməns] パふォーマンス	上演（じょうえん），演技（えんぎ），演奏（えんそう） perform 動 を上演（じょうえん）する，(を)演（えん）じる，(を)演奏（えんそう）する ► **have two performances a day** 1日に2回上演（じょうえん）がある

the seventh grade「7学年」は日本の中学1年に相当するよ。

0331 ⚠ 発音

salad

[sǽləd]

サラッド

サラダ

► make a salad サラダを作る

0332

website

[wébsait]

ウェブサイト

ウェブサイト

► visit the website
そのウェブサイトを訪れる

0333

actor

[ǽktər]

アクタァ

俳優

★男女両方を指すが，男優のみに使うこともある

► a movie actor 映画俳優

0334

animal

[ǽnim(ə)l]

アニマる

動物

► take care of animals 動物の世話をする

0335 ⚠ 発音・アクセント

astronaut

[ǽstrənɔːt]

アストゥロノート

宇宙飛行士

► become an astronaut 宇宙飛行士になる

0336 ⚠ アクセント

chocolate

[tʃɔ́ːklət]

チョークれット

チョコレート

► a chocolate cake チョコレートケーキ

0337

comedy

[kɑ́(ː)mədi]

カ(ー)メディ

喜劇，コメディー

► watch a comedy on TV
テレビで喜劇を見る

0338

fruit

[fruːt]

ふルート

果物

► eat some fruit every morning
毎朝果物を食べる

0339
future
[fjúːtʃər]
ふューチャ
(通例 the ～)未来，将来(⇔ the past 過去)
► imagine the future 未来を想像する

0340
goal
[goul]
ゴウる
(ゴールによる)得点，(サッカーなどの)ゴール，目標
► get a goal 得点を入れる

0341
hobby
[há(ː)bi]
ハ(ー)ビィ
趣味
► a popular hobby 人気のある趣味

0342
license
[láis(ə)ns]
らイセンス
免許証，免許
► a driver's license 運転免許証

0343
locker
[lá(ː)kər]
ら(ー)カァ
ロッカー
► put my bag in a locker
ロッカーに自分のかばんを入れる

0344 ⚠ 発音
machine
[məʃíːn]
マシーン
機械
► a washing machine 洗たく機

0345
magazine
[mǽgəziːn]
マガズィーン
雑誌
► a sports magazine スポーツ雑誌

0346
model
[má(ː)dl]
マ(ー)ドゥる
模型，型，モデル
形 模型の
► a model of a plane 飛行機の模型

actor「俳優」は男女両方に使えるけど actress は「女優」のみだよ。

0347

notice

[nóutəs]

ノウティス

掲示(けいじ)，通知 [お知らせ]

動 に気がつく

► a notice for parents

保護者あての掲示(けいじ) [お知らせ]

0348

paper

[péipər]

ペイパァ

紙

★「(小さな) 1片(ぺん)の紙」は a piece of paper

► a sheet of paper 1枚(まい)の紙

0349 ⚠ 発音

question

[kwéstʃ(ə)n]

クウェスチョン

質問(しつもん) (⇔ answer 答え)

► ask a question 質問(しつもん)をする

0350 ⚠ 発音

recipe

[résəpi]

レスィピ

(料理の) 作り方，調理法

► a recipe for cookies クッキーの作り方

0351

rule

[ru:l]

ルーる

規則(きそく)，ルール

► break a rule 規則(きそく)を破(やぶ)る

0352

season

[sí:z(ə)n]

スィーズン

季節，時季

► the rainy season 雨の季節，雨季

0353

sofa

[sóufə]

ソウふァ

ソファ

► sit on a sofa ソファに座(すわ)る

0354 ⚠ 発音

tour

[tuər]

トゥア

(観光などの) 旅行，ツアー

► a sightseeing tour 観光旅行

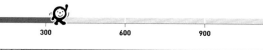

0355

video
[vídiou]
ヴィディオウ

ビデオ，映像（えいぞう）

► watch a video on the Internet
インターネットでビデオを見る

0356

winner
[wínər]
ウィナァ

優勝者（ゆうしょうしゃ），勝利者

► the winner of the contest
そのコンテストの優勝者（ゆうしょうしゃ）

0357

accident
[ǽksid(ə)nt]
アクスィデント

事故（じこ）

► a car accident 自動車事故（じこ）

0358

answer
[ǽnsər]
アンサァ

答え（⇔ question 質問（しつもん）），返事
動（に）答える，（電話）に出る

► a correct answer 正しい答え

0359

bank
[bæŋk]
バンク

銀行

► work at a bank 銀行で働く

0360

copy
[ká(:)pi]
カ(ー)ピィ

コピー，複写（ふくしゃ）
動（書類など）をコピーする

► make a copy コピーを取る

0361

dentist
[déntist]
デンティスト

歯医者，歯科医

► go to the dentist 歯医者に行く

0362

farmer
[fá:rmər]
ふァーマァ

農場経営者（けいえいしゃ）
farm 名 農場

► farmers who live in my town
私（わたし）の町に住む農場経営者（けいえいしゃ）たち

recipe「(料理の) 作り方」は発音に気をつけようね。

0363
horse
[hɔːrs]
ホース

馬
► ride a horse 馬に乗る

0364
junior high school
[dʒùːnjər hái skùːl]
ヂューニャ ハイ スクーる

中学校
★日本の「高校」はhigh school
► meet in junior high school
中学校で出会う

0365
kitchen
[kítʃ(ə)n]
キチン

台所
► cook in the kitchen 台所で料理をする

0366
race
[reis]
レイス

レース，競走
► practice for the race
レースに向けて練習する

0367 ⚠発音
sign
[sain]
サイン

看板(かんばん)，掲示(けいじ)
動 に署名(しょめい)する
► a sign on the door
ドアにかかっている看板(かんばん)

0368
snowboard
[snóubɔːrd]
スノウボード

スノーボード（の板）
動 スノーボードをする
► buy a snowboard スノーボードを買う

0369
subject
[sʌ́bdʒekt]
サブヂェクト

（Eメールなどの）件名(けんめい)，教科
► Subject: Thanks! 件名(けんめい)：ありがとう！

0370
tiger
[táigər]
タイガァ

トラ
► wild tigers 野生のトラ

0371

toy
[tɔi]
トイ

おもちゃ
▶ buy a toy for my son
息子におもちゃを買う

0372

visitor
[vízətər]
ヴィズィタァ

訪問者，観光客
▶ visitors to the zoo 動物園を訪れる人たち

形容詞

0373

crowded
[kráudid]
クラウディッド

混雑した
▶ a crowded bus 混雑したバス

0374

easy
[íːzi]
イーズィ

簡単な（⇔ difficult 難しい）
easily 副 簡単に，容易に
▶ an easy question 簡単な質問

0375

fast
[fæst]
ふァスト

速い（⇔ slow 遅い）
副 速く
▶ a fast runner 速い走者

0376

half
[hæf]
ハふ

半分の
名 半分
★「1時間半」はone and a half hours
▶ half an hour 30分

0377

hungry
[hʌ́ŋgri]
ハングリィ

空腹の
▶ I'm hungry. 私はおなかがすいている。

Eメールには件名（タイトル）をつけるよね。それが subject だよ。

0378

afraid
[əfréid]
アふレイド

怖がって，恐れて

► **Don't be afraid.** 怖がらないで。

0379

cloudy
[kláudi]
クらウディ

曇った

cloud 名 雲

► **It's cloudy.** 曇っている。

0380

dirty
[də́ːrti]
ダ～ティ

汚れた，汚い（⇔ clean きれいな，清潔な）

► **dirty clothes** 汚れた服

0381

funny
[fʌ́ni]
ふァニィ

おかしい，こっけいな

► **a funny story** おかしな話

0382

poor
[puər]
プア

貧しい（⇔ rich 金持ちの，裕福な），へたな（⇔ good じょうずな）

► **poor children** 貧しい子どもたち

0383

such
[sʌtʃ]
サッチ

そのような，このような

► **I can't believe you did such things.** あなたがそのようなことをしたなんて信じられない。

0384 ⚠ 発音

warm
[wɔːrm]
ウォーム

暖かい（⇔ cool 涼しい）

► **warm weather** 暖かい天候

0385

international
[ìntərnǽʃ(ə)n(ə)l]
インタァナショヌる

国際的な

► **an international event** 国際的なイベント

0386

wet
[wet]
ウェット

ぬれた (⇔ dry 乾いた)
► **get wet** ぬれる

副詞

0387

alone
[əlóun]
アろウン

1人で [= by *oneself*]
► **live alone** 1人で暮らす

0388

else
[els]
エるス

その他に
► **somewhere else** どこか他の場所に

0389

however
[hauévər]
ハウエヴァ

しかしながら
► **I like it. However, I don't want it now.**
私はそれを気に入った。しかしながら，今はほしくない。

0390

part-time
[pὰːrttáim]
パートタイム

パートタイムで，非常勤で
形 パートタイムの，非常勤の
► **work part-time**
パートタイムで働く，アルバイトをする

0391 ⚠ 発音

abroad
[əbrɔ́ːd]
アブロード

海外で [に]
► **study abroad** 海外留学する

0392

finally
[fáin(ə)li]
ふァイナりィ

ついに [= at last]，最後に
final 形 最終の，最後の
► **finally learn how to play tennis**
ついにテニスのやり方を習得する

「アルバイト」のことを part-time job と言うよ。

0393

someday

[sʌ́mdei]
サムデイ

いつか，そのうちに

▶ visit Spain someday
いつかスペインを訪れる

0394 ⚠発音

either

[íːðər]
イーざァ

(否定文で)～もまた(～ない)

★肯定文では「～もまた」はtooやalsoを使う

▶ I don't like it, either.
私もまたそれが好きではない。

0395

even

[íːv(ə)n]
イーヴン

～でさえ，(比較級を強めて)さらに

▶ even on Sunday 日曜日でさえ

前置詞

0396

beside

[bisáid]
ビサイド

～のそばに，～と並んで

▶ stand beside the tree 木のそばに立つ

0397 ⚠発音

through

[θruː]
すルー

～を通り抜けて，～を通して

▶ walk through the shopping mall
ショッピングセンターを歩いて通り抜ける

代名詞

0398

herself

[həːrsélf]
ハ～せるふ

彼女自身(を[に])

★「彼自身(を[に])」はhimself

▶ make cookies herself
彼女自身でクッキーを作る

0399

anyone

[éniwʌn]
エニワン

(疑問文で)誰か，(否定文で)誰も(〜ない)

★肯定文で使うと「誰でも」を意味する

► Does anyone know? 誰か知ってる？

0400

myself

[maisélf]
マイセるふ

私自身(を[に])

► make lunch myself 自分自身で昼食を作る

Section 5

動詞

0401 ⚠発音

climb
[klaim]
クライム

(に)登る
► **climb a mountain** 山に登る

0402

cover
[kʌ́vər]
カヴァ

をおおう
名 表紙，カバー
► **cover my face** 顔をおおう

0403

die
[dai]
ダイ

死ぬ (⇔ live 生きる)
death 名 死　dead 形 死んでいる
► **die in an accident** 事故で死ぬ

0404

follow
[fá(:)lou]
ふァ(ー)ろウ

に従う，について行く
► **follow the rules** 規則に従う

0405

hit
[hit]
ヒット

をぶつける，にぶつかる，を打つ
★ [過去・過分] hit
► **hit my head against a door**
ドアに頭をぶつける

0406 ⚠アクセント

injure
[índʒər]
インヂャ

にけがをさせる，を傷つける
► **Many people were injured.**
多くの人がけがをした。

0407

lend
[lend]
れンド

を貸す (⇔ borrow を借りる)
★ [過去・過分] lent
► **lend her my notebook**
彼女に私のノートを貸す

0408
plant
[plænt]
プラント

を植える
名 植物
► **plant a tree** 木を植える

0409
receive
[risíːv]
リスィーヴ

を受け取る
► **receive a letter** 手紙を受け取る

0410
start
[stɑːrt]
スタート

を始める，始まる
► **start junior high school**
中学校が始まる，中学生になる

0411
steal
[stiːl]
スティーる

を盗む
★ [過去] stole　[過分] stolen
► **My bike was stolen.**
私の自転車が盗まれた。

0412
taste
[teist]
テイスト

(形容詞の前で) の味がする
名 味
tasty 形 おいしい
► **taste sweet** 甘い味がする

0413
cry
[krai]
クライ

泣く，叫ぶ
► **begin to cry** 泣き始める

0414
fall
[fɔːl]
ふォーる

落ちる
★ [過去] fell　[過分] fallen
★「自転車から落ちる」はfall off a bike
► **fall from a tree** 木から落ちる

0415
fix
[fiks]
ふイックス

を修理する
► **fix a broken machine**
壊れた機械を修理する

0416

invent
[invént]
インヴェント

を発明する
invention 名 発明，発明品
► **invent the telephone** 電話を発明する

0417

kill
[kil]
キる

を殺す
► **A lot of people were killed in the war.**
たくさんの人たちが戦争で殺された。

0418

paint
[peint]
ペイント

を(絵の具で)描く，にペンキを塗る
名 ペンキ，絵の具
painting 名 絵，絵を描くこと
► **paint a picture** 絵の具で絵を描く

0419

serve
[səːrv]
サ～ヴ

(食事など)を出す
► **serve good meals** おいしい食事を出す

名詞

0420

adult
[ədʌ́lt]
アダるト

大人(⇔ child 子ども)
► **from children to adults**
子どもから大人まで

0421

bathroom
[bǽθruːm]
バすルーム

浴室，トイレ
★「浴槽」はbathtub
► **clean the bathroom** 浴室を掃除する

0422

bicycle
[báisikl]
バイスィクる

自転車 [= bike]
► **ride a bicycle** 自転車に乗る

0423 captain
[kǽpt(ə)n]
キャプトゥン

(チームの)主将，船長

► the captain of the volleyball team
バレーボールチームの主将

0424 church
[tʃə́ːrtʃ]
チャ～チ

教会

★おもにキリスト教の教会を指す

► an old church 古い教会

0425 coach
[koutʃ]
コウチ

コーチ，監督，指導者

► a tennis coach テニスのコーチ

0426 comic
[ká(:)mik]
カ(ー)ミック

漫画本 [= comic book]

► read a comic 漫画本を読む

0427 doughnut
[dóunʌt]
ドウナット

ドーナツ

► a chocolate doughnut
チョコレートドーナツ

0428 dress ⚠ 発音
[dres]
ドゥレス

ドレス

► the girl in a blue dress
青いドレスを着た女の子

0429 experience
[ikspí(ə)riəns]
イクスピ(ア)リエンス

経験

動 を経験する

► have a good experience
よい経験をする

0430 gate
[geit]
ゲイト

門

► a school gate 校門

0431

horror

[hɔ́(:)rər]
ホ(ー)ラァ

ホラー，恐怖

► **a horror movie** ホラー映画

0432 ⚠ 発音

language

[lǽŋgwidʒ]
らングウェッヂ

言語

► **learn two languages** 2つの言語を学ぶ

0433

nature

[néitʃər]
ネイチャ

自然

natural 形 自然の

► **beautiful nature** 美しい自然

0434

noon

[nu:n]
ヌーン

正午

► **meet at noon** 正午に会う

0435

owner

[óunər]
オウナァ

所有者

own 形 自分自身の　動 を所有する

► **the owner of the house** その家の所有者

0436

person

[pə́:rs(ə)n]
パ～スン

人

★2人以上の場合はふつうpeopleを使う

► **a person who speaks Spanish**
スペイン語を話す人

0437

pond

[pɑ(:)nd]
パ(ー)ンド

池

► **a small pond** 小さな池

0438

price

[prais]
プライス

値段，価格

★値段が「高い」はhigh，「安い」はlowを使う

► **at a low price** 安い値段で

0439

schedule
[skédʒuːl]
スケヂューる

予定
► **check my schedule**
自分の予定を確かめる

0440

staff
[stæf]
スタッふ

職員，スタッフ
★1人ではなく職員全体を指す
► **new staff** 新しい職員

0441

stage
[steidʒ]
ステイヂ

舞台，ステージ
► **on the stage** 舞台上に

0442 アクセント

uniform
[júːnifɔːrm]
ユーニふォーム

制服，ユニフォーム
► **a school uniform** 学校の制服

0443 アクセント

volunteer
[vɑ̀(ː)ləntíər]
ヴァ(ー)らンティア

ボランティア(をする人)
★「ボランティア活動」はvolunteer activity [work]
► **need volunteers** ボランティアを必要とする

0444

award
[əwɔ́ːrd]
アウォード

賞，賞品 [= prize]
動 (人)に(賞など)を与える
► **give an award** 賞を与える

0445

basket
[bǽskət]
バスケット

かご
► **oranges in a basket** かごの中のオレンジ

0446

boss
[bɔ(ː)s]
ボ(ー)ス

上司
► **with my boss** 上司と一緒に

noon「正午」の後だから afternoon は「午後」なんだね。

0447

classmate
[klǽsmeit]
クらスメイト

同級生，クラスメート
► walk home with my classmate
同級生と一緒に歩いて家に帰る

0448

court
[kɔːrt]
コート

（テニスなどの）コート
► a tennis court テニスコート

0449 ⚠ アクセント

dessert
[dizə́ːrt]
ディザ～ト

デザート
► have ice cream for dessert
デザートにアイスクリームを食べる

0450

dream
[driːm]
ドゥリーム

（将来の）夢，（睡眠中に見る）夢
動 夢を見る
► talk about my dream
私の夢について話す

0451 ⚠ 発音

environment
[inváiə)rənmənt]
インヴァイ(ア)ロンメント

環境
► good for the environment 環境によい

0452

exam
[igzǽm]
イグザム

試験，テスト [= examination]
★ examinationの短縮形
► have an English exam 英語の試験がある

0453

fashion
[fǽʃ(ə)n]
ふァション

ファッション，流行
► a fashion magazine ファッション雑誌

0454

field
[fiːld]
ふィーるド

野原，競技場，グラウンド
► play in the field 野原で遊ぶ

0455 forest
[fɔ́:rəst]
ふォーレスト
森，森林
► in the forest 森の中で

0456 hole
[houl]
ホウる
穴
► look into the hole 穴の中をのぞきこむ

0457 kilogram
[kíləgræm]
キろグラム
キログラム
► five kilograms of rice 5キログラムの米

0458 life
[laif]
らイふ
生涯，生活，命
㊓ lives
► a book about his life
彼の生涯についての本

0459 meat
[mi:t]
ミート
肉
► like meat better than fish
魚よりも肉が好きである

0460 meter ⚠ 発音
[mí:tər]
ミータァ
メートル
★「キロメートル」はkilometer
► ten meters high 高さ10メートル

0461 mind
[maind]
マインド
心，精神（⇔ body 体）
► have a strong mind 強い心を持っている

0462 package
[pǽkidʒ]
パケッヂ
（小）包み，小荷物
► send a package 小包みを送る

meter「メートル」の me の発音が「メー」でないことに注意しよう。

0463 **painting** [péintiŋ] ペインティング
絵，絵を描くこと
paint 動 を（絵の具で）描く，にペンキを塗る
► paintings at the museum 美術館の絵

0464 **platform** [plǽtfɔːrm] プラットふォーム
（駅の）プラットホーム
► leave from Platform 3
3番ホームから発車する

0465 **project** [prɑ́(ː)dʒekt] プラ(ー)ヂェクト
研究課題，計画，事業
► a science project 理科の研究課題

0466 **road** [roud] ロウド
道路，道
► the store across the road
道路の向こう側の店

0467 **rock** [rɑ(ː)k] ラ(ー)ック
ロック（音楽），岩
► sing in a rock band ロックバンドで歌う

0468 **scientist** [sáiəntəst] サイエンティスト
科学者
science 名 理科，科学
► a famous scientist 有名な科学者

0469 **score** [skɔːr] スコー
点数
動（点）を取る
► get a perfect score 満点を取る

0470 **shape** [ʃeip] シェイプ
形
► the shape of the window 窓の形

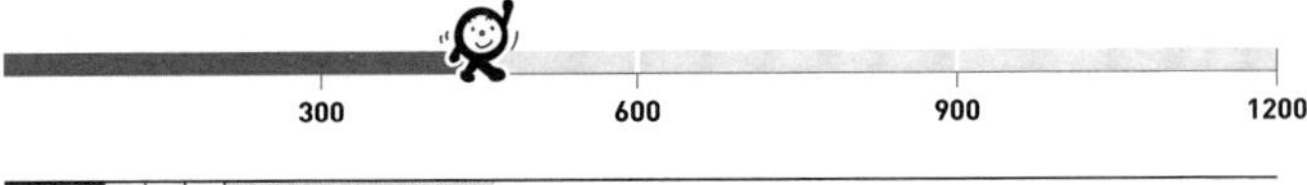

0471
side
[said]
サイド

側，側面
► **the other side of the river** 川の向こう側

0472
sightseeing
[sáitsìːiŋ]
サイトスィーイング

観光
► **visit London for sightseeing**
観光でロンドンを訪(おとず)れる

0473 ⚠ 発音
steak
[steik]
ステイク

ステーキ
► **have steak for dinner**
夕食にステーキを食べる

0474 ⚠ 発音・アクセント
stomachache
[stʌ́məkeik]
スタマケイク

腹痛(ふくつう)，胃痛(いつう)
★「頭痛(ずつう)」は headache
► **get medicine for a stomachache**
腹痛(ふくつう)に効(き)く薬を手に入れる

形容詞(けいようし)

0475
dark
[dɑːrk]
ダーク

暗い（⇔ light 明るい）
► **get dark** 暗くなる

0476 ⚠ 発音
foreign
[fɔ́(ː)r(ə)n]
ふォ(ー)リン

外国の
foreigner 名 外国人
► **a foreign language** 外国語

0477
full
[ful]
ふる

満員［席］の，いっぱいの，満腹(まんぷく)で
► **This train is full.** この電車は満員だ。

scientist「科学者」の -ist は「人」を表すよ。

0478

local

[lóuk(ə)l]

ろウカる

その土地の，地元の

► **local food** その土地の食べ物

0479

silent

[sáilənt]

サイれント

静かな，無言の

► **a silent night** 静かな夜

0480

snowy

[snóui]

スノウイ

雪の降る，雪の多い

snow 動 雪が降る　名 雪，降雪

► **It was snowy.** 雪が降っていた。

0481

true

[truː]

トゥルー

本当の［≒ real］，真実の

truth 名 真実

► **That's true.** それは本当だ。

0482

wonderful

[wʌ́ndərf(ə)l]

ワンダふる

すばらしい

► **a wonderful trip** すばらしい旅行

0483 ⚠ 発音

bright

[brait]

ブライト

光り輝く，明るい

► **a bright star in the sky** 空に光り輝く星

0484

careful

[kéərfəl]

ケアふる

気をつける，注意深い（⇔ careless 不注意な）

care 名 注意，世話　carefully 副 注意深く

► **Be careful.** 気をつけて。

0485

fresh

[freʃ]

ふレッシ

新鮮な

► **fresh vegetables** 新鮮な野菜

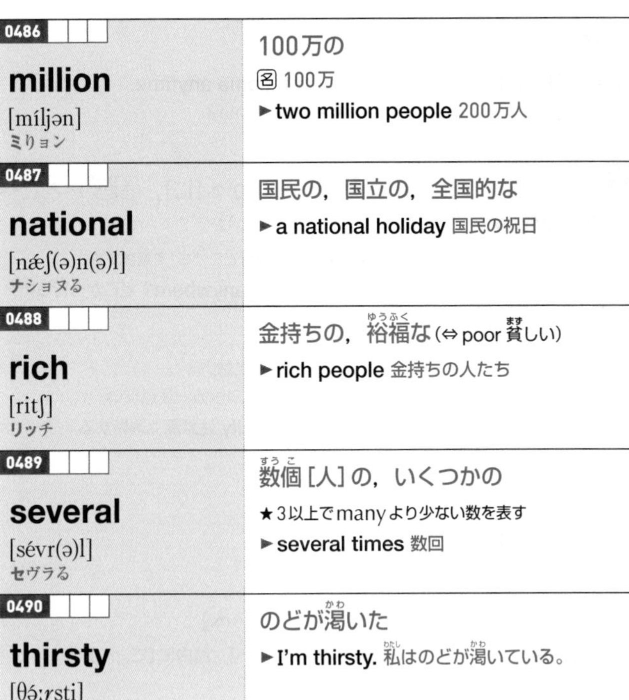

0486

million
[míljən]
ミリョン

100万の
名 100万
► two million people 200万人

0487

national
[nǽʃ(ə)n(ə)l]
ナショヌる

国民の，国立の，全国的な
► a national holiday 国民の祝日

0488

rich
[ritʃ]
リッチ

金持ちの，裕福な（⇔ poor 貧しい）
► rich people 金持ちの人たち

0489

several
[sévr(ə)l]
セヴラる

数個［人］の，いくつかの
★ 3以上でmanyより少ない数を表す
► several times 数回

0490

thirsty
[θə́ːrsti]
さ～スティ

のどが渇いた
► I'm thirsty. 私はのどが渇いている。

副詞

0491

below
[bilóu]
ビろウ

下に［へ］
前 ～より下に［の］
► on the floor below 下の階に

0492

everywhere
[évri(h)weər]
エヴリ(フ)ウェア

いたるところに［で］，どこでも
► You can find air everywhere.
空気はいたるところにある。

million「100万（の）」とbillion「10億（の）」をあわせて覚えておこう。

0493 anytime
[énitaim]
エニタイム

いつでも

► You can come anytime.
いつでも来ていいよ。

0494 anywhere
[éni(h)weər]
エニ(フ)ウェア

(疑問文で)どこかへ[に]，(否定文で)どこへ[に]も(～ない)

★肯定文で使うと「どこでも」を意味する

► Did you go anywhere? どこかへ行った？

0495 carefully
[kéərfəli]
ケアふりィ

注意深く

care 名 注意，世話
careful 形 気をつける，注意深い

► drive carefully 注意深く運転する

前置詞

0496 inside
[ìnsáid]
インサイド

～の中に[で，へ]

副 内部に[で，へ]，屋内に[で，へ]
名 内部，内側

► inside the building その建物の中に

0497 across
[əkrɔ́(:)s]
アクロ(ー)ス

～を渡って，～を横切って

► swim across the river 川を泳いで渡る

0498 behind
[biháind]
ビハインド

～の後ろに(⇔ in front of ～ ～の前に)

► sit behind him 彼の後ろに座る

0499 without
[wiðáut]
ウィざウト

～なしで，(without *doing* で)～しないで

► without his help 彼の手助けなしで

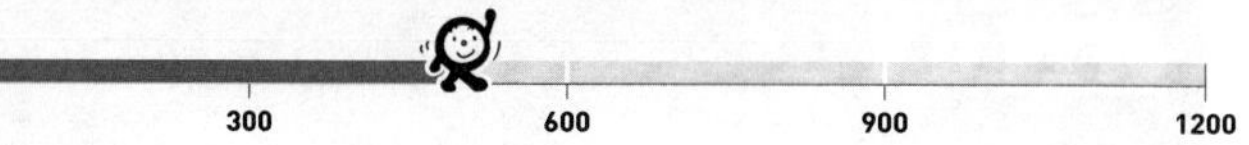

代名詞（だいめいし）

0500

someone
[sʌ́mwʌn]
サムワン

(肯定文で) 誰か，ある人 [= somebody]
► **someone who speaks French**
誰かフランス語を話す人

Section 6

動詞

0501

burn
[bəːrn]
バ～ン

燃える，を燃やす
★［過去・過分］burned, burnt
► **The house was burning.**
その家は燃えていた。

0502

cross
[krɔ(ː)s]
クロ(ー)ス

を横断する，を渡る
★ acrossは前置詞「～を渡って，～を横切って」
► **cross the street** 通りを横断する

0503

cut
[kʌt]
カット

を切る
★［過去・過分］cut
► **cut my finger with a knife**
ナイフで指を切る

0504

exchange
[ikstʃéindʒ]
イクスチェインヂ

を交換する
名 交換
► **exchange e-mail addresses**
Eメールアドレスを交換する

0505

explain
[ikspléin]
イクスプれイン

(を)説明する
► **explain the rules** ルールを説明する

0506

imagine
[imǽdʒin]
イマヂン

を想像する
imagination 名 想像
► **imagine life without TV**
テレビのない生活を想像する

0507

mean
[miːn]
ミーン

を意味する
★［過去・過分］meant
meaning 名 意味
► **What does it mean?** それは何を意味するか。

0508
pull
[pul]
プる

(を)引く(⇔ push (を)押す)
► pull a rope ロープを引く

0509
reach
[riːtʃ]
リーチ

に着く，に届く
► reach the airport 空港に着く

0510
shut
[ʃʌt]
シャット

を閉める，閉まる[≒ close] (⇔ open (を)開く)
★ [過去・過分] shut
► shut the door ドアを閉める

0511
smell
[smel]
スメる

(形容詞の前で)のにおいがする，(の)においをかぐ
名 におい
► smell nice いいにおいがする

名詞

0512
action
[ǽkʃ(ə)n]
アクション

アクション，行動
act 動 (を)演じる，行動する
► an action movie アクション映画

0513
actress
[ǽktrəs]
アクトゥレス

女優
★ 男女に関係ないactor「俳優」を使うことが多い
► my favorite actress
私のお気に入りの女優

0514
belt
[belt]
べるト

ベルト
► a seat belt シートベルト

〈reach＋場所〉の形に注意。reach to ～ とするのは誤りだよ。

0515

body
[bá(:)di]
バ(ー)ディ

体(⇔ mind 心，精神)
► **a healthy body** 健康的な体

0516

butter
[bʌ́tər]
バタァ

バター
► **put butter on boiled potatoes**
ゆでたジャガイモにバターをのせる

0517

button
[bʌ́t(ə)n]
バトゥン

(機械などの)押しボタン，(衣服の)ボタン
► **a button that turns on the computer**
コンピューターを起動する押しボタン

0518

capital
[kǽpət(ə)l]
キャピトゥる

首都
► **the capital of Germany** ドイツの首都

0519

center
[séntər]
センタァ

(中心施設としての)センター，中心，中央
central 形 中心の，中央の
► **a shopping center** ショッピングセンター

0520

century
[séntʃ(ə)ri]
センチュリィ

世紀
► **in the 18th century** 18世紀に

0521

convenience store
[kənvíːniəns stɔ̀ːr]
コンヴィーニエンス ストー

コンビニエンスストア
► **buy drinks at a convenience store**
コンビニエンスストアで飲み物を買う

0522

culture
[kʌ́ltʃər]
カるチャ

文化
► **a different culture** 異なる文化

0523

customer
[kʌ́stəmər]
カスタマァ

(店の)客
▶ **make a customer angry** 客を怒らせる

0524

date
[deit]
デイト

日付
▶ **What is the date today?**
今日は何日か。

0525 ⚠アクセント

elementary school
[eliméntəri skuːl]
エれメンタリィ スクーる

小学校
▶ **an elementary school teacher**
小学校の教師

0526 ⚠アクセント

elevator
[éliveitər]
エれヴェイタァ

エレベーター
▶ **take an elevator** エレベーターに乗る

0527

fact
[fækt]
ふァクト

事実
▶ **be based on fact** 事実に基づいている

0528

fever
[fíːvər]
ふィーヴァ

(病気による)熱
▶ **have a fever** 熱がある

0529

flight
[flait]
ふらイト

飛行機の便，飛行
fly 動 飛ぶ，飛行機で行く
▶ **a flight to London**
ロンドンへ行く飛行機便

0530

fridge
[fridʒ]
ふリッヂ

冷蔵庫
★ refrigeratorの略
▶ **in the fridge** 冷蔵庫の中に

convenience store の convenience は「便利」という意味なんだ。

0531 **grandson** [grǽn(d)sʌ̀n] グラン(ド)サン	男の孫，孫息子（⇔ granddaughter 女の孫，孫娘） ► **have a grandson** 男の孫がいる
0532 ⚠発音 **horizon** [həráiz(ə)n] ホライズン	(the ~) 地平線，水平線 ► **above the horizon** 地平線の上に
0533 **interview** [íntərvjuː] インタヴュー	面接，面談，インタビュー 動 にインタビューする ► **Good luck with your job interview!** 就職の面接がんばって！
0534 **kid** [kid] キッド	子ども [= child] ★ childよりくだけた言い方 ► **pick up the kids** 子どもたちを迎えに行く
0535 **living room** [líviŋ ruːm] リヴィング ルーム	居間 ► **relax in the living room** 居間でくつろぐ
0536 **medal** [méd(ə)l] メドゥる	メダル ► **a gold medal** 金メダル
0537 **memory** [mém(ə)ri] メモリィ	思い出，記憶（力） ► **good memories of school life** 学校生活のいい思い出
0538 **middle** [mídl] ミドゥる	(the ~) 真ん中，中央 ► **the boy standing in the middle** 真ん中に立っている男の子

0539

mirror
[mírər]
ミラァ

鏡
► look at myself in the mirror
鏡に映(うつ)った自分を見る

0540

mushroom
[mʌ́ʃru(ː)m]
マッシル(ー)ム

キノコ，マッシュルーム
► a steak with mushrooms
キノコを添(そ)えたステーキ

0541 ⚠ アクセント

musician
[mjuzíʃ(ə)n]
ミュズィシャン

音楽家，ミュージシャン
► a famous musician 有名な音楽家

0542

mystery
[míst(ə)ri]
ミステリィ

推理(すいり)小説，ミステリー
► a mystery novel 推理(すいり)小説

0543

panda
[pǽndə]
パンダ

パンダ
► pandas from China 中国から来たパンダ

0544

power
[páuər]
パウア

力，動力
powerful 形 強力な
► wind power 風力

0545

program
[próugræm]
プロウグラム

番組，計画
► an interesting TV program
興味(きょうみ)深いテレビ番組

0546

queen
[kwiːn]
クウィーン

女王 (⇔ king 王)，王妃(おうひ)
► the Queen of England
イングランドの女王

musician は music「音楽」がもとになっている語だね。

0547

social studies
[sóuʃ(ə)l stʌ̀diz]
ソウシャる スタディズ

（教科としての）社会科

► a social studies test 社会科のテスト

0548

soldier
[sóuldʒər]
ソウるヂャ

兵士，（陸軍の）軍人

► fight in the war as a soldier 兵士として戦争で戦う

0549

stew
[stuː]
ストゥー

シチュー

► beef stew ビーフシチュー

0550

sugar
[ʃúgər]
シュガァ

砂糖

► sugar and salt 砂糖と塩

0551 ⚠ 発音

suit
[suːt]
スート

スーツ

► the man in a suit スーツを着た男性

0552

swimsuit
[swímsuːt]
スウィムスート

（女性用のワンピース型の）水着

► buy a swimsuit 水着を買う

0553

symbol
[símb(ə)l]
スィンボる

象徴

► a symbol of peace 平和の象徴

0554

tooth
[tuːθ]
トゥーす

歯

㊢ teeth

► My tooth hurts. 歯が痛い。

0555 ⚠発音

tourist

[túrəst]
トゥリスト

観光客，旅行者

▶ **welcome tourists** 観光客を歓迎する

0556

type

[taip]
タイプ

型，タイプ

▶ **a new type of computer**
新しい型のコンピューター

0557

waiter

[wéitər]
ウェイタァ

（男性の）ウエーター（⇔ waitress（女性の）ウエートレス）

▶ **a waiter at a restaurant**
レストランのウエーター

0558 ⚠発音

war

[wɔːr]
ウォー

戦争（⇔ peace 平和）

▶ **during the war** 戦争中に

0559

aquarium

[əkwé(ə)riəm]
アクウェ(ア)リアム

水族館

▶ **dolphins in the aquarium**
水族館のイルカ

0560

barbecue

[báːrbikjuː]
バーベキュー

バーベキュー

▶ **enjoy a barbecue by the river**
川のそばでバーベキューを楽しむ

0561

firework

[fáiərwəːrk]
ふァイアワ～ク

花火，（～s）花火の打ち上げ

▶ **watch the fireworks** 花火を見る

0562

hill

[hil]
ヒる

丘，（低い）山

★「（高い）山」はmountain

▶ **a house standing on a hill**
丘の上に立っている家

0563 ⚠アクセント

homestay
[hóumstei]
ホウムステイ

ホームステイ
▶ experience homestay
ホームステイを経験する

0564

hometown
[hòumtáun]
ホウムタウン

(生まれ)故郷
▶ miss my hometown 生まれ故郷が恋しい

0565

musical
[mjú:zik(ə)l]
ミューズィカる

ミュージカル
形 音楽の
▶ perform a musical
ミュージカルを上演する

0566

president
[prézid(ə)nt]
プレズィデント

(しばしばP-)大統領，会長，学長
▶ the President of the United States
アメリカ合衆国の大統領

0567

rocket
[rá(:)kət]
ラ(ー)ケット

ロケット
▶ make a rocket ロケットを作る

0568

shrine
[ʃrain]
シライン

神社
★「寺」はtemple
▶ visit a shrine 神社を訪れる

0569

statue
[stǽtʃu:]
スタチュー

像，彫像
★ふつう等身大以上の大きさのものを指す
▶ a statue in front of the station
駅前にある像

0570

suitcase
[sú:tkeis]
スートケイス

スーツケース
▶ carry a suitcase スーツケースを運ぶ

0571 ⚠発音

sweater
[swétər]
スウェタァ

セーター

► a warm sweater 暖(あたた)かいセーター

0572

tradition
[trədíʃ(ə)n]
トゥラディション

伝統(でんとう)

traditional 形 伝統的(でんとうてき)な

► a Japanese tradition 日本の伝統(でんとう)

0573

worker
[wə́ːrkər]
ワ～カァ

働く人，労働者

► workers at the factory
その工場で働く人々

形容詞(けいようし)

0574

billion
[bíljən]
ビりョン

10億の

名 10億

► about two billion people 約20億人

0575

boring
[bɔ́ːriŋ]
ボーリング

退屈(たいくつ)な (⇔ interesting 興味(きょうみ)深い，おもしろい)

★「(人が)退屈(たいくつ)した」はbored

► a boring speech 退屈(たいくつ)なスピーチ

0576

central
[séntr(ə)l]
セントゥラる

中心の，中央の

center 名 (中心施設(しせつ)としての)センター，中心，中央

► the central part of the city
その都市の中心部分

0577

clear
[kliər]
クりア

澄(す)んだ，晴れた

► clear water 澄(す)んだ水

worker「働く人」の -erは「人」を表すよ。work「働く」に -erがついた語だね。

0578

clever
[klévər]
クれヴァ

利口な
► **a clever animal** 利口な動物

0579

deep
[diːp]
ディープ

深い
► **a deep lake** 深い湖

0580

enjoyable
[indʒɔ́iəbl]
インヂョイアブる

楽しい，おもしろい
enjoy 動 を楽しむ
► **sound enjoyable** 楽しそうに聞こえる

0581

final
[fáin(ə)l]
ふァイナる

最終の，最後の [≒ last]
名 決勝（戦）
finally 副 ついに，最後に
► **the final exam** 最終試験

0582

loud
[laud]
らウド

（音・声が）大きい
► **in a loud voice** 大きな声で

0583

lucky
[lʌ́ki]
らキィ

運のよい
luck 名 運，幸運　luckily 副 幸運にも
► **You're lucky.** あなたは運がいい。

0584

narrow
[nǽrou]
ナロウ

（幅(はば)が）狭(せま)い（⇔ wide（幅(はば)が）広い）
► **a narrow road** 狭(せま)い道

0585

perfect
[pə́ːrfikt]
パ～ふェクト

完ぺきな，完全な
perfectly 副 完全に
► **speak perfect Japanese**
完ぺきな日本語を話す

0586 short
[ʃɔːrt]
ショート

短い(⇔ long 長い)，背の低い(⇔ tall 背の高い)

► a girl with short hair 短い髪の女の子

0587 simple
[símpl]
スィンプる

簡単な，質素な

► in simple English 簡単な英語で

0588 ⚠発音 tight
[tait]
タイト

きつい

tightly 副 きつく

► This T-shirt is tight.
このTシャツはきつい。

0589 top
[tɑ(ː)p]
タ(ー)ップ

いちばん上の

名 (通例 the ～) 頂上，上部

► the top floor いちばん上の階

0590 usual
[júːʒu(ə)l]
ユージュ(ア)る

いつもの，ふつうの

usually 副 たいてい，いつもは

► miss the usual train
いつもの電車に乗り遅れる

0591 whole
[houl]
ホウる

全体の

► the whole building 建物全体

副詞

0592 actually
[æktʃu(ə)li]
アクチュ(ア)りィ

実は，実際に

► Actually, she is very nice.
実は，彼女はとても親切だ。

「(幅が) 狭い」は narrow，「(面積が) 狭い［小さい］」は small だよ。

0593

anymore

[ènimɔ́ːr]
エニモー

(疑問文・否定文で)今はもう[これ以上](〜ない)

► **I don't need the book anymore.**
私には今はもうその本は必要ない。

0594

anyway

[éniwei]
エニウェイ

とにかく，いずれにしても

► **Anyway, let's try to do it.**
とにかくそれをやってみよう。

0595

luckily

[lʌ́kili]
らキりィ

幸運にも

luck 名 運，幸運　lucky 形 運のよい

► **Luckily, no one was injured.**
幸運にも，誰もけがをしなかった。

0596 ⚠発音

pretty

[príti]
プリティ

(形容詞や副詞の前で)かなり，とても

形 きれいな，かわいらしい

► **pretty far** かなり遠くに

0597

quickly

[kwíkli]
クウィックりィ

すばやく，速く，すぐに(⇔ slowly ゆっくりと，遅く)

quick 形 速い

► **run away quickly** すばやく逃げる

0598 ⚠アクセント

sometime

[sʌ́mtaim]
サムタイム

いつか，かつて

★未来にも過去にも使う

► **Let's go there sometime.**
いつかそこへ行こう。

前置詞

0599

between

[bitwíːn]
ビトゥウィーン

(2つ[2人])の間に[で]

► **between classes** 授業の間に

0600

as

[æz]

アズ

～として

▶ work as a librarian 司書として働く

● カタカナ語に注意しよう

日本語には英語がもとになっているカタカナ語がたくさんありますね。contest (➡0061)，relax (➡0213)，pool (➡0231) などはカタカナ語からの連想で覚えやすい単語だと言えるかもしれません。

でも，カタカナ語に頼って単語を覚えると，思わぬ落とし穴にはまってしまうことがあります。たとえばstadium (➡0269) の発音は「スタジアム」とは大きく異なります。また, watch (➡0005) や top (➡0589) はアメリカではそれぞれ「ワ (ー) ッチ」「タ (ー) ップ」と発音します。これを「ウォッチ」「トップ」というカタカナ語で覚えていると，意外にも聞き取れないことがあるのです。アクセントがカタカナ語と大きく異なる語も，idea (➡0126)，volunteer (➡0443)，uniform (➡0442) などたくさんあります。さらに，ほっそりした人を「スマートな人」と言うことがありますが，英語のsmart (➡0686) にその意味はないので注意が必要です。

単語を覚えるとき，カタカナ語は役に立つ場合もあれば危険な場合もあることを意識しながら，学習を進めるようにしましょう。

単語編 でる度 B チェックテスト

1 下線部の語句の意味を①～③の中からひとつ選びましょう。

(1) a **narrow** road　①狭い　②広い　③短い

(2) **understand** the meaning　①を調べる　②を説明する　③を理解する

(3) **dirty** clothes　①汚れた　②きつい　③清潔な

(4) sit **behind** him　①～の隣に　②～の後ろに　③～の前に

2 下線部の語句の意味を答えましょう。

(1) good for the **environment**　(　　　　)によい

(2) **warm** weather　(　　　　)天候

(3) drive **carefully**　(　　　　)運転する

(4) **cost** ten dollars　10ドル(　　　　)

3 日本語に合うように(　　)に英単語を入れましょう。

(1) よい経験をする　have a good (　　　　)

(2) 私もまたそれが好きではない。　I don't like it, (　　　　).

(3) 大きな声で　in a (　　　　) voice

(4) スパゲッティを注文する　(　　　　) spaghetti

(5) 誰かフランス語を話す人　(　　　　) who speaks French

正解

1 (1) ① (→0584)　(2) ③ (→0319)　(3) ① (→0380)　(4) ② (→0498)

2 (1) 環境 (→0451)　(2) 暖かい (→0384)　(3) 注意深く (→0495)
(4) かかる (→0315)

3 (1) experience (→0429)　(2) either (→0394)　(3) loud (→0582)
(4) order (→0310)　(5) someone (→0500)

単語編

差がつく応用単語 300

動詞

0601
attend
[ətέnd]
アテンド
に出席する
► attend the next meeting
次の会議に出席する

0602
boil
[bɔil]
ボイる
をゆでる
► boil some eggs 卵をいくつかゆでる

0603
cancel
[kǽns(ə)l]
キャンセる
(予約・注文など)を取り消す，を中止する
► cancel the order 注文を取り消す

0604 ⚠ アクセント
continue
[kəntínju(:)]
コンティニュ(ー)
を続ける，続く
★ continue to *do* [*doing*] で「～し続ける」
► continue the class 授業を続ける

0605 ⚠ 発音
laugh
[læf]
らふ
笑う
★ 声をたてて笑うときに使う
► laugh a lot 大いに笑う

0606
prepare
[pripéə*r*]
プリペア
準備する〈for ～のために〉
► prepare for the exam
試験のために準備する

0607
protect
[prətékt]
プロテクト
を保護する
► protect the environment 環境を保護する

0608

push

[puʃ]
ブッシ

（を）押す（⇔ pull（を）引く）

▶ **push a button** ボタンを押す

0609

recycle

[rìːsáikl]
リーサイクる

を再生利用する，をリサイクルする

recycling 名 再生利用，リサイクル

▶ **recycle bottles** びんを再生利用する

0610

rest

[rest]
レスト

休む，休憩する

名 休息

▶ **rest at home** 家で休む

0611

share

[ʃeər]
シェア

を共有する，を分け合う

▶ **share a room with my sister**
姉［妹］と部屋を共有する

0612

smile

[smail]
スマイる

ほほえむ〈at ～に〉

名 ほほえみ

▶ **smile at me** 私にほほえみかける

0613

touch

[tʌtʃ]
タッチ

に触れる，に触る

▶ **touch the painting** その絵に触れる

名詞

0614

activity

[æktívəti]
アクティヴィティ

活動

active 形 活動的な

▶ **club activities** クラブ活動

laugh「笑う」と smile「ほほえむ」の意味の違いを覚えておこう。

0615

address
[ədrés]
アドゥレス

住所，（メールの）アドレス
► **your name and address**
あなたの名前と住所

0616 ⚠アクセント

advice
[ədváis]
アドヴァイス

助言，アドバイス
advise 動 に助言する，にすすめる
► **give advice to the students**
生徒たちに助言を与(あた)える

0617

air
[eər]
エア

空気
► **fresh air** 新鮮(しんせん)な空気

0618

alarm
[əlɑ́ːrm]
アらーム

目覚まし時計，警報(けいほう)(器(き))
► **an alarm clock** 目覚まし時計

0619

block
[blɑ(ː)k]
ブら(ー)ック

（街の）1区画
► **walk two blocks** 2区画歩く

0620

bridge
[bridʒ]
ブリッヂ

橋
► **cross a bridge** 橋を渡(わた)る

0621

ceremony
[sérəmouni]
セレモウニィ

式，儀式(ぎしき)
► **a wedding ceremony** 結婚式(けっこんしき)

0622

chance
[tʃæns]
チャンス

機会
► **get a chance to go abroad**
海外へ行く機会を得(え)る

0623

chef
[ʃef]
シェふ

シェフ，料理長

► work as a restaurant chef
レストランのシェフとして働く

0624

costume
[ká(:)stu:m]
カ(ー)ストゥーム

衣装

► a Halloween costume
ハロウィーンの衣装

0625

difference
[díf(ə)r(ə)ns]
ディふ(ァ)レンス

違い

different 形 異なる，さまざまな，別の

► differences between Japan and America 日本とアメリカの違い

0626 ⚠ 発音

energy
[énərdʒi]
エナヂィ

エネルギー

► use a lot of energy
たくさんのエネルギーを使う

0627

entrance
[éntr(ə)ns]
エントゥランス

入り口（⇔ exit 出口）

enter 動 (に)入る

► meet at the entrance 入り口で会う

0628

figure
[fígjər]
ふィギャ

図，図表，人物，数字

► See the figure on page 11.
11ページの図を見なさい。

0629

flag
[flæg]
ふらッグ

旗

► a national flag 国旗

0630

garbage
[gá:rbidʒ]
ガービヂ

ごみ

► a garbage bag ごみ袋

energy は日本語の「エネルギー」とはまったく発音が違うね。

0631 ⚠発音

glove

[glʌv]

グらヴ

手袋，（野球などの）グローブ

►a pair of gloves 1組の手袋

0632 ⚠発音

guide

[gaid]

ガイド

ガイド，案内人

►a tour guide 観光ガイド

0633

hamburger

[hǽmbəːrgər]

ハンバ～ガァ

ハンバーガー

►a hamburger shop ハンバーガー店

0634 ⚠発音

headache

[hédeik]

ヘデイク

頭痛

★「腹痛，胃痛」はstomachache

►have a bad headache ひどい頭痛がする

0635 ⚠発音

height

[hait]

ハイト

高さ，身長

high 形 高い

►the height of the tower その塔の高さ

0636

hero

[híːrou]

ヒーロウ

英雄，（男性の）主人公（⇔ heroine 女性の主人公）

►a national hero 国民的英雄

0637 ⚠発音

island

[áilənd]

アイらンド

島

►live on an island 島に住む

0638

jazz

[dʒæz]

ヂャズ

ジャズ

►listen to jazz ジャズを聞く

0639

jeans
[dʒi:nz]
ヂーンズ

ジーンズ
▶ a pair of jeans ジーンズ1本

0640

judge
[dʒʌdʒ]
ヂャッヂ

審査員（しんさいん），審判員（しんぱんいん）
動 (を)判断（はんだん）する
▶ the judge of the contest
そのコンテストの審査員（しんさいん）

0641

juice
[dʒu:s]
ヂュース

ジュース
▶ a glass of orange juice
コップ1杯（ぱい）のオレンジジュース

0642

leaf
[li:f]
りーふ

葉
複 leaves
▶ beautiful leaves in fall 秋の美しい葉

0643 ⚠ アクセント

manager
[mǽnidʒər]
マネヂャ

支配人（しはいにん），管理者，経営者（けいえいしゃ）
▶ a store manager 店の支配人（しはいにん），店長

0644

meal
[mi:l]
ミーる

食事
▶ after each meal 毎食後に

0645 ⚠ 発音

message
[mésidʒ]
メセッヂ

伝言，メッセージ
▶ a message from my boss
上司からの伝言

0646

midnight
[mídnait]
ミッドナイト

夜中の12時，真夜中
▶ until midnight 夜中の12時まで

headache は head「頭」＋ache「痛（いた）み」という組み合わせの語だよ。

0647 □□□	
novel [nɑ́(ː)v(ə)l] ナ(ー)ヴ(ェ)る	(長編の)小説 novelist 名 小説家 ► **read a novel** 小説を読む
0648 □□□	
oil [ɔil] オイる	油 ► **cook it in hot oil** それを熱い油で調理する
0649 □□□ ⚠発音	
oven [ʌ́v(ə)n] アヴン	オーブン ► **put a pizza into the oven** ピザをオーブンに入れる
0650 □□□	
page [peidʒ] ペイヂ	ページ ► **on page 15** 15ページに
0651 □□□	
pancake [pǽnkeik] パンケイク	パンケーキ ► **make pancakes** パンケーキを作る
0652 □□□	
passenger [pǽsindʒər] パセンヂャ	乗客 ► **passengers flying to Europe** ヨーロッパへ飛行機で向かう乗客
0653 □□□	
peace [piːs] ピース	平和(⇔ war 戦争) peaceful 形 穏やかな，平和な ► **world peace** 世界平和
0654 □□□	
planet [plǽnit] プらネット	惑星 ★「恒星」はstar ► **the nearest planet to the sun** 太陽に最も近い惑星

0655

pocket
[pá(:)kət]
パ(ー)ケット

ポケット
▶ in my pocket 私のポケットの中に

0656

point
[pɔint]
ポイント

得点，地点，要点
動 指さす
▶ get three points 3点取る

0657

promise
[prá(:)məs]
プラ(ー)ミス

約束
動 (を)約束する
▶ make a promise 約束をする

0658 ⚠発音

radio
[réidiou]
レイディオウ

ラジオ
▶ hear the news on the radio
ラジオでニュースを聞く

0659

scarf
[skɑːrf]
スカーふ

スカーフ，マフラー
▶ wear a scarf around my neck
首の周りにスカーフを巻いている

0660 ⚠発音

scene
[siːn]
スィーン

場面
▶ the last scene 最後の場面

0661 ⚠発音

sight
[sait]
サイト

視力，視界，光景
▶ have good sight 視力がよい

0662 ⚠発音

stomach
[stʌ́mək]
スタマック

腹，胃
▶ My stomach hurts. おなか[胃]が痛い。

peace「平和」は a piece of ～「1切れの～」の piece と同じ発音だね。

0663

storm
[stɔːrm]
ストーム

嵐，暴風雨
► a big storm 大きな嵐

0664

support
[səpɔ́ːrt]
サポート

支援，支持
動 を支援する，を支える
► need your support
あなたの支援が必要である

0665

system
[sístəm]
スィステム

制度，系統，体系
► the school system 学校制度

0666

telephone
[téləfoun]
テれふォウン

電話 [= phone]
★ phoneはtelephoneの短縮形
► a telephone number 電話番号

0667

tie
[tai]
タイ

ネクタイ
★ necktieも同じ意味だがtieのほうがよく使われる
► the man wearing a tie
ネクタイをしている男性

0668 ⚠ 発音

trouble
[trʌ́bl]
トゥラブる

面倒（な状況），悩みごと
► cause trouble 面倒を起こす

0669

voice
[vɔis]
ヴォイス

声
► hear a voice 声を聞く

0670

wish
[wiʃ]
ウィッシ

（通例 ～es）（幸福・健康などを）祈願する言葉，願い，望み
動 を願う，を祈る
► Best wishes. （手紙の結びで）ご多幸を祈ります。

形容詞

0671

broken
[bróuk(ə)n]
ブロウクン

折れた，壊れた
► a broken leg 骨折した脚

0672 ⚠発音・アクセント

comfortable
[kʌ́mfərtəbl]
カンふォタブる

快適な，心地よい
► comfortable clothes 快適な衣服

0673

dangerous
[déindʒ(ə)rəs]
デインヂャラス

危険な（⇔ safe 安全な）
danger 名 危険
► a dangerous area 危険な地域

0674

excellent
[éks(ə)lənt]
エクセれント

優れた，優秀な
► an excellent performance in a play
劇での優れた演技

0675

familiar
[fəmíljər]
ふァミりャ

見慣れた，よく知られた
► a familiar face 見慣れた顔

0676

helpful
[hélpf(ə)l]
へるプふる

役に立つ [= useful]
help 動（を）助ける，役立つ　名 助け
► This book is helpful. この本は役に立つ。

0677

noisy
[nɔ́izi]
ノイズィ

騒がしい（⇔ quiet 静かな）
noise 名 物音，騒音
► noisy people 騒がしい人々

comfortable「快適な」と excellent「優れた」のつづりを確認しておこう。

0678 □□□

Olympic

[əlímpik]
オリンピック

オリンピックの

名 (the ～s) オリンピック競技大会

► **the Olympic Games**
オリンピック競技大会

0679 □□□

peaceful

[pí:sf(ə)l]
ピースふる

穏やかな，平和な

peace 名 平和

► **a peaceful night** 穏やかな夜

0680 □□□

powerful

[páuərf(ə)l]
パウアふる

強力な

power 名 力，動力

► **a powerful engine** 強力なエンジン

0681 □□□

public

[pʌ́blik]
パブりック

公共の，公の

► **in a public place** 公共の場で

0682 □□□

quiet

[kwáiət]
クワイエット

静かな (⇔ noisy 騒がしい)

quietly 副 静かに

► **a quiet place** 静かな場所

0683 □□□

round

[raund]
ラウンド

丸い

► **a round table** 丸いテーブル

0684 □□□

scared

[skeərd]
スケアド

おびえた，怖がった

scare 動 をおびえさせる

► **look scared** おびえているように見える

0685 □□□

shy

[ʃai]
シャイ

恥ずかしがりの，内気な

► **Don't be shy.** 恥ずかしがらないで。

0686 □□□
smart
[smɑːrt]
スマート

利口な
★「体型がほっそりした，スマートな」はslim
► a smart dog 利口な犬

0687 □□□
thick
[θik]
すィック

厚い（⇔ thin 薄い）
► a thick book 厚い本

0688 □□□
traditional
[trədíʃ(ə)n(ə)l]
トゥラディショヌる

伝統的な
tradition 名 伝統
► a traditional event 伝統的な行事

0689 □□□
upset
[ʌpsét]
アップセット

動揺した
► get upset 動揺する

0690 □□□
wide
[waid]
ワイド

（幅が）広い（⇔ narrow （幅が）狭い）
► a wide river 幅が広い川

副詞

0691 □□□
cheaply
[tʃíːpli]
チープりィ

安く
cheap 形 安い，安っぽい
► get tickets more cheaply
チケットをより安く入手する

0692 □□□
easily
[íːzili]
イーズィりィ

簡単に，容易に
easy 形 簡単な
► pass the exam easily
その試験に簡単に合格する

0693

safely
[séifli]
セイふりィ

安全に，無事に
safe 形 安全な
► **drive safely** 安全に運転する

0694

sincerely
[sinsíərli]
スィンスィアりィ

（手紙の結びで）敬具
► **Sincerely yours** 敬具

0695

softly
[sɔ́(:)ftli]
ソ(ー)ふトりィ

優しく，柔らかに，穏やかに
soft 形 柔らかい
► **speak softly** 優しく話す

0696 発音

straight
[streit]
ストゥレイト

まっすぐに
形 まっすぐな
► **go straight** まっすぐに行く

0697 アクセント

upstairs
[ʌ̀pstéərz]
アップステアズ

上の階へ［で］（⇔ downstairs 下の階へ［で］）
► **go upstairs** 上の階へ行く

前置詞

0698

above
[əbʌ́v]
アバヴ

～の上に［の］（⇔ below ～より下に［の］）
★ 間隔をおいた上方にあることを表す
► **above the window** 窓の上に

0699

against
[əgénst]
アゲンスト

～に対抗して，～に反対して
► **play against the other team**
他のチームに対抗して戦う

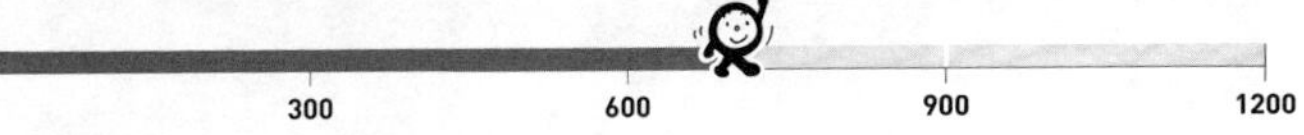

0700

among

[əmʌ́ŋ]
アマング

(3つ[3人]以上の間で用いて)～の中で[に]，～の間で[に]

★「(2つ[2人])の間に[で]」はbetween

► among a large group of people たくさんの人の中で

● つづりと発音の関係に注目しよう

つづりと発音との間には何か関係がありそうだ――そう感じている人は少なくないでしょう。これはとても重要な見方です。たとえば，

meal (➡0644) や peace (➡0653) の ea は「イー」

healthy (➡0282) や sweater (➡0571) の ea は「エ」

と発音します。一方，

break (➡0102) や steak (➡0473) の ea は「エイ」

という発音です。このように，ea というつづりを含む単語は，発音によっていくつかのグループに分けることができるのですね。

次に oo というつづりを見てみましょう。おもに次の2つのグループに分けられます。

「ウー」と長く発音：

choose (➡0205)，noon (➡0434)，tooth (➡0554)

「ウ」と短く発音：

look (➡0001)，cookie (➡0323)，wood (➡0868)

こういったグループを意識することは，正確なつづりと発音を覚えるうえで役に立つ方法です。みなさんも試してみましょう。

Section 8

見出し語番号 0701~0800

動詞

0701 **count** [kaunt] カウント	(を)数える ▶ **count the number of cars** 車の数を数える
0702 **kick** [kik] キック	をける 名 けること，キック ▶ **kick a ball** ボールをける
0703 **set** [set] セット	を用意する，を整える，をセットする 名 1組，セット ★［過去・過分］set ▶ **set the table** 食卓の用意をする
0704 ⚠発音 **spread** [spred] スプレッド	を広げる，広がる ★［過去・過分］spread ▶ **spread a map** 地図を広げる
0705 **surf** [səːrf] サ～ふ	サーフィンをする，(ホームページなど)を見て回る ▶ **go surfing** サーフィンをしに行く
0706 ⚠発音 **raise** [reiz] レイズ	を上げる，を育てる ▶ **raise my hand** 手を挙げる
0707 **add** [æd] アッド	を加える ★add *A* to *B*で「AをBに加える」 ▶ **add sugar to coffee** 砂糖をコーヒーに加える

0708
appear
[əpíər]
アピア

現れる(⇔ disappear 姿を消す，見えなくなる，消える)
▶ **appear at the party** パーティーに現れる

0709
attack
[ətǽk]
アタック

を攻撃する
名 攻撃
▶ **attack the enemy** 敵を攻撃する

0710
control
[kəntróul]
コントゥロウる

を操作する，を支配する，を管理する
名 操作，支配，管理
▶ **control a robot** ロボットを操作する

0711
deliver
[dilívər]
ディりヴァ

を配達する
▶ **deliver the newspapers** 新聞を配達する

0712
expect
[ikspékt]
イクスペクト

を待ち受ける，を予期する
▶ **expect a letter** 手紙を待ち受ける

0713
express
[iksprés]
イクスプレス

を表現する
形 急行の　名 急行
expression 名 表現
▶ **express my feelings** 感情を表現する

0714 ⚠発音
fight
[fait]
ふァイト

(と)戦う，けんかする
名 戦い，けんか
★ [過去・過分] fought
▶ **fight in a war** 戦争で戦う

0715
fit
[fit]
ふィット

(に)ぴったり合う
★ [過去・過分] fitted, fit
▶ **It fits me perfectly.**
それは私に完全にぴったり合う。

express train で「急行列車」という意味だよ。

0716 **hang** [hæŋ] ハング	を掛ける ★[過去・過分] hung ► **hang my jacket in the closet** クローゼットに上着を掛ける
0717 **jog** [dʒɑ(:)g] ヂャ(ー)ッグ	ジョギングをする ► **go jogging** ジョギングをしに行く
0718 ⚠発音 **knock** [nɑ(:)k] ナ(ー)ック	ノックする〈on ～を〉 ► **knock on the door** ドアをノックする
0719 **mix** [miks] ミックス	を混ぜる，混ざる ► **mix butter and sugar** バターと砂糖を混ぜる
0720 **oversleep** [òuvərslíːp] オウヴァスリープ	寝過ごす ★[過去・過分] overslept ► **I overslept this morning.** 私は今朝寝過ごした。
0721 ⚠アクセント **record** [rikɔ́ːrd] リコード	を録画 [録音] する，を記録する 名 [rékərd レカァド] 記録 ► **record a TV program** テレビ番組を録画する
0722 **repeat** [ripíːt] リピート	(を)繰り返して言う ► **repeat my phone number** 私の電話番号を繰り返して言う
0723 **seem** [siːm] スィーム	のように見える，のように思われる ► **He seems to know the truth.** 彼は真実を知っているように見える。

0724

shake
[ʃeik]
シェイク

を振る，揺れる

★［過去］shook ［過分］shaken

★shake handsで「握手をする」

►**shake my head** 首を（横に）振る

0725

shock
[ʃɑ(:)k]
シャ(ー)ック

にショック［衝撃］を与える

名 （精神的な）打撃，ショック

►**I was shocked.** 私はショックを受けた。

0726

shout
[ʃaut]
シャウト

どなる〈at ～に〉，叫ぶ

►**shout at him** 彼にどなる

0727

spell
[spel]
スペる

をつづる

spelling 名 つづり，スペル

►**spell the word** その単語をつづる

0728

waste
[weist]
ウェイスト

を無駄に使う

名 無駄，廃棄物

►**waste my money** お金を無駄に使う

0729

wonder
[wʌ́ndər]
ワンダァ

…かなと思う

★〈wonder＋疑問詞〉でよく使われる

►**I wonder why she is angry.**
なぜ彼女は怒っているのかなと思う。

名詞

0730 ⚠発音

ballet
[bæléi]
バれイ

バレエ

►**a ballet dancer** バレエダンサー

knock「ノックする」はkを発音しないよ。

0731

bit
[bit]
ビット

(a ～) 少し
★ a bitは副詞的に使われることがある
► **stay a bit longer** もう少し長く滞在する

0732

carnival
[kάːrniv(ə)l]
カーニヴァる

カーニバル，お祭り騒ぎ
► **carnivals held in many countries**
多くの国で行われるカーニバル

0733

carpenter
[kάːrp(ə)ntər]
カーペンタァ

大工
► **work as a carpenter** 大工として働く

0734

cracker
[krǽkər]
クラカァ

クラッカー
► **eat crackers** クラッカーを食べる

0735

drawing
[drɔ́ːiŋ]
ドゥローイング

線画，スケッチ，図面
draw 動 (絵・図) を描く，(線) を引く
► **the artist's drawings** その芸術家の線画

0736

engine
[éndʒin]
エンヂン

エンジン
► **fix the engine** エンジンを修理する

0737

exit
[égzət]
エグズィット

出口 (⇔ entrance 入り口)
► **the exit of the station** 駅の出口

0738

fan
[fæn]
ふァン

ファン
► **a baseball fan** 野球ファン

0739

flour
[fláuər]
ふらウア

小麦粉

► **mix flour and water** 小麦粉と水を混ぜる

0740

gentleman
[dʒéntlmən]
ヂェントゥるマン

紳士，男の方 (⇔ lady ご婦人，淑女，女の方)
㊥ gentlemen

► **Ladies and gentlemen!**
(呼びかけて) 紳士淑女のみなさま！

0741 ⚠発音

ghost
[goust]
ゴウスト

幽霊

► **see a ghost** 幽霊を見る

0742

guest
[gest]
ゲスト

(招かれた) 客 (⇔ host (客をもてなす) 主人)

► **have a guest for dinner**
夕食にお客さんを招待する

0743

guy
[gai]
ガイ

(～s) みんな，やつ，男
★複数の相手に話しかける場合は男女に関係なく使う

► **Hi, guys.** やあ，みんな。

0744

habit
[hǽbit]
ハビット

習慣

► **a bad habit** 悪い習慣

0745

handle
[hǽndl]
ハンドゥる

取っ手，柄

► **a door handle** ドアの取っ手

0746 ⚠発音

heart
[hɑːrt]
ハート

心，心臓

► **have a kind heart** 親切な心を持っている

flour「小麦粉」は flower「花」と同じ発音なんだね。

0747

hockey
[há(:)ki]
ハ(ー)キィ

ホッケー

▶ **ice hockey** アイスホッケー

0748

joke
[dʒouk]
ヂョウク

冗談

▶ **tell a joke** 冗談を言う

0749

kilometer
[kəlá(:)mətər]
キら(ー)メタァ

キロメートル

▶ **two hundred kilometers**
200キロメートル

0750 ⚠ 発音

knee
[niː]
ニー

ひざ

▶ **injure my knee** ひざをけがする

0751

lady
[léidi]
れイディ

ご婦人，淑女，女の方(⇔ gentleman 紳士，男の方)

★ woman「女性」よりていねいな言い方

▶ **an old lady** 年をとったご婦人

0752

leader
[líːdər]
りーダァ

指導者，リーダー

lead 動 を率いる，を導く

▶ **the leader of the group**
そのグループの指導者

0753

mall
[mɔːl]
モーる

ショッピングセンター[モール]，(車の乗り入れができない)商店街

▶ **a shopping mall** ショッピングセンター

0754 ⚠ アクセント

marathon
[mǽrəθɑ(:)n]
マラさ(ー)ン

マラソン

▶ **run in a marathon** マラソンで走る

0755

meaning
[míːniŋ]
ミーニング

意味
mean 動 を意味する
► **the meaning of this word**
この単語の意味

0756

mouse
[maus]
マウス

(ハツカ)ネズミ
複 mice
► **have a mouse** ハツカネズミを飼っている

0757

parking
[pɑ́ːrkiŋ]
パーキング

駐車，駐車できる場所
► **beside the parking area**
駐車区域［駐車場］のそばに

0758 アクセント

photographer
[fətɑ́(ː)grəfər]
ふォタ(ー)グラふァ

写真家
photograph 名 写真
► **a famous photographer** 有名な写真家

0759 発音

purpose
[pə́ːrpəs]
パ～パス

目的
► **the purpose of my stay** 滞在の目的

0760

radish
[rǽdiʃ]
ラディッシ

ハツカダイコン
► **grow radishes** ハツカダイコンを栽培する

0761

reporter
[ripɔ́ːrtər]
リポータァ

記者，通信員
report 名 報告(書)，レポート　動 (を)報告する
► **a TV reporter** テレビの記者

0762

ring
[riŋ]
リング

指輪，輪
► **a wedding ring** 結婚指輪

「写真家」は「カメラマン」ではなく photographer と言うよ。

0763

sailor
[séilər]
セイらァ

船員
sail 動 航海する
► **become a sailor** 船員になる

0764

salesclerk
[séilzklə:rk]
セイるズクら～ク

店員，販売員
★アメリカではclerkとも言う
► **ask a salesclerk** 店員にたずねる

0765

service
[sə́:rvəs]
サ～ヴィス

サービス，接客，公共事業，業務
► **Internet service** インターネットサービス

0766

shell
[ʃel]
シェる

貝がら
► **collect shells** 貝がらを集める

0767

snake
[sneik]
スネイク

ヘビ
► **be afraid of snakes** ヘビを怖がる

0768

spot
[spɑ(:)t]
スパ(ー)ット

場所，地点
► **a nice spot for fishing**
釣りに向いている場所

0769

subway
[sʌ́bwei]
サブウェイ

(通例 the ～) 地下鉄
► **take the subway** 地下鉄に乗る

0770

sunglasses
[sʌ́nglæsəz]
サングらスィズ

サングラス
► **wear sunglasses** サングラスをかけている

0771 **surprise**
[sərpráiz]
サプライズ

（予期しない）驚き，驚くべきこと
動 を驚かせる
surprised 形 驚いた，びっくりした
► **a surprise party** サプライズパーティー

0772 **teammate**
[tí:mmeit]
ティームメイト

チームメイト，チームの仲間
► **with my teammates**
チームメイトと一緒に

0773 **television**
[téləvìʒ(ə)n]
テれヴィジョン

テレビ
★TVと略す
► **watch television** テレビを見る

0774 **toilet**
[tɔ́ilət]
トイれット

トイレ
★アメリカではふつうbathroomを使う
► **use the toilet** トイレを使う

0775 **track**
[træk]
トゥラック

（鉄道の）線路，（駅の）～番線
► **the train tracks** 鉄道の線路

0776 **turtle**
[tə́:rtl]
ター～トゥる

海ガメ
► **a baby turtle** 海ガメの赤ちゃん

0777 **whale**
[(h)weil]
（フ）ウェイる

クジラ
► **whale watching**
クジラの観察，ホエールウォッチング

0778 **wind**
[wind]
ウィンド

風
windy 形 風の強い
► **a strong wind** 強い風

「めがね」はglasses。それにsun「太陽」がついてsunglassesだね。

0779

yard
[jɑːrd]
ヤード

庭
★家の周りの庭や中庭を指す
► play in the yard 庭で遊ぶ

0780

army
[ɑ́ːrmi]
アーミィ

軍隊，陸軍
► join the army 軍隊に入る

0781

decoration
[dèkəréiʃ(ə)n]
デコレイション

飾り，装飾
decorate 動 を飾る
► Christmas decorations
クリスマスの飾り

0782

pollution
[pəlúːʃ(ə)n]
ポるーション

汚染，公害
pollute 動 を汚染する
► pollution in the river 川の汚染

形容詞

0783

amazing
[əméiziŋ]
アメイズィング

驚くべき
► an amazing story 驚くべき話

0784

British
[brítiʃ]
ブリティッシ

イギリスの，イギリス人の
► British English イギリス英語

0785

correct
[kərékt]
コレクト

正しい
► the correct answer 正しい答え

0786

dry
[drai]
ドゥライ

乾(かわ)いた (⇔ wet ぬれた)
► **a dry shirt** 乾(かわ)いたシャツ

0787 ⚠発音

front
[frʌnt]
ふラント

正面の，前の (⇔ back 後ろの)
名 正面，前部
► **the front door** 正面のドア

0788

lovely
[lʌ́vli]
らヴりィ

美しい，かわいらしい
love 動 を愛する 名 愛
► **a lovely dress** 美しいドレス

0789

northern
[nɔ́ːrðərn]
ノーざン

北の，北部の (⇔ southern 南の，南部の)
north 名 北
► **the northern part of the country**
その国の北部

0790

real
[ríːəl]
リーアる

本当の [≒ true]，現実(げんじつ)の
really 副 本当に
► **the artist's real name**
その芸術家(げいじゅつか)の本当の名前

0791

solar
[sóulər]
ソウらァ

太陽の
► **solar energy** 太陽エネルギー

0792

strange
[streindʒ]
ストゥレインヂ

奇妙(きみょう)な，見知らぬ
► **a strange sound** 奇妙(きみょう)な音

0793

weak
[wiːk]
ウィーク

弱い (⇔ strong 強い)
► **a weak team** 弱いチーム

air pollution は「大気汚染(たいきおせん)」，water pollution は「水質汚染(すいしつおせん)」。

0794

native
[néitiv]
ネイティヴ

その土地固有の，生まれた土地の
► **native birds** その土地固有の鳥

副詞

0795

slowly
[slóuli]
スろウりィ

ゆっくりと，遅く（⇔ quickly すばやく，速く，すぐに）
slow 形 遅い
► **walk slowly** ゆっくりと歩く

0796

badly
[bǽdli]
バッドりィ

悪く（⇔ well よく，じょうずに），ひどく
bad 形 悪い，ひどい
► **do badly on the test**
テストで悪い成績を取る

0797

online
[ɑ̀(:)nláin]
ア(ー)ンらイン

オンラインで，インターネットで
形 オンラインの
► **find more information online**
オンラインでもっと情報を見つける

前置詞

0798

along
[əlɔ́(:)ŋ]
アろ(ー)ンヶ

〜に沿って
► **walk along the street** 通りに沿って歩く

代名詞

0799

everybody

[évribà(:)di]
エヴリバ(ー)ディ

みんな，誰でも [= everyone]

★ everyoneよりくだけた言い方

► **everybody in this town** この町のみんな

0800

ourselves

[auərsélvz]
アウアセるヴズ

私たち自身(を [に])

► **eat all the doughnuts ourselves**
私たち自身でドーナツをすべて食べる

Section 8 終了！ 単語編の残りは Section 9 の 100 語だけだよ。

Section 9

動詞

0801

act
[ækt]
アクト

(を)演じる，行動する
action 名 アクション，行動
► act in a play 劇で演じる

0802

cause
[kɔːz]
コーズ

を引き起こす，の原因となる
► cause health problems
健康上の問題を引き起こす

0803

destroy
[distrɔ́i]
ディストゥロイ

を破壊する
► destroy many houses
多くの家屋を破壊する

0804

disappear
[dìsəpíər]
ディサピア

姿を消す，見えなくなる，消える
(⇔ appear 現れる)
► animals that have disappeared
姿を消した動物たち

0805

discover
[diskʌ́vər]
ディスカヴァ

を発見する
discovery 名 発見
► discover an island 島を発見する

0806

escape
[iskéip]
イスケイプ

逃げる
► escape from the enemy 敵から逃げる

0807

exercise
[éksərsaiz]
エクササイズ

運動する
名 運動
► exercise at the gym ジムで運動する

0808 □□□
fail
[feil]
ふェイる

(試験)に落ちる(⇔ pass (に)合格する)，失敗する
▶ **fail the exam** その試験に落ちる

0809 □□□
feed
[fiːd]
ふィード

にえさ[食べ物]を与える
★[過去・過分] fed
food 名 食べ物，料理
▶ **feed my cat** 猫にえさを与える

0810 □□□
hide
[haid]
ハイド

隠れる，を隠す
★[過去] hid [過分] hidden, hid
▶ **hide behind a tree** 木の後ろに隠れる

0811 □□□
lay
[lei]
れイ

(卵)を産む，を横たえる
★[過去・過分] laid
★ layはlie「横になる」の過去形と同じ形
▶ **lay an egg** 卵を産む

0812 □□□
lead
[liːd]
りード

を率いる，を導く
★[過去・過分] led
leader 名 指導者，リーダー
▶ **lead the team** そのチームを率いる

0813 □□□
offer
[ɔ́(ː)fər]
オ(ー)ふァ

を申し出る〈to *do* ～すること〉，を差し出す
▶ **offer to drive my friend home**
友だちを家まで車で送ることを申し出る

0814 □□□
produce
[prədúːs]
プロドゥース

を生産する
product 名 生産物
▶ **produce cars** 車を生産する

0815 □□□
realize
[ríː(ː)əlaiz]
リ(ー)アらイズ

と気づく
▶ **realize that math is interesting**
数学がおもしろいと気づく

0816

shine

[ʃain]
シャイン

輝く

★ [過去・過分] shone

► **shine brightly** 明るく輝く

0817

smoke

[smouk]
スモウク

タバコを吸う

名 煙

► **stop smoking** タバコを吸うのをやめる

0818

solve

[sɑ(:)lv]
サ(ー)るヴ

を解決する，を解く

► **solve a problem** 問題を解決する

0819

survive

[sərváiv]
サヴァイヴ

(を)生き残る

survival 名 生き残ること

► **survive the war** その戦争を生き残る

名詞

0820

adventure

[ədvéntʃər]
アドヴェンチャ

冒険

► **an adventure story** 冒険物語

0821

age

[eidʒ]
エイヂ

年齢

► **at the age of 18** 18歳で

0822

arm

[ɑːrm]
アーム

腕

► **hurt my arm** 腕をけがする

0823 ⚠ アクセント

athlete
[æθliːt]
アすリート

運動選手

► one of the best athletes
最も優(すぐ)れた運動選手の1人

0824

bottom
[bá(ː)təm]
バ(ー)トム

底，下部 (⇔ top 頂上(ちょうじょう)，上部)

► at the bottom of the sea 海の底に

0825 ⚠ 発音

castle
[kǽsl]
キャスる

城

► a castle on a hill 丘(おか)の上の城

0826

ceiling
[síːliŋ]
スィーリング

天井(てんじょう)

► fix the ceiling 天井(てんじょう)を修理(しゅうり)する

0827

closet
[klá(ː)zət]
クら(ー)ゼット

クローゼット，押入(おしい)れ

► clothes in the closet
クローゼットの中の服

0828

corner
[kɔ́ːrnər]
コーナァ

角

► on the corner その角に

0829

course
[kɔːrs]
コース

講座(こうざ)，コース，進路

► take a history course
歴史(れきし)の講座(こうざ)を受ける

0830

custom
[kʌ́stəm]
カスタム

慣習(かんしゅう)

► Japanese customs 日本の慣習(かんしゅう)

『トム・ソーヤーの冒険(ぼうけん)』の原題は *The Adventures of Tom Sawyer* だよ。

0831

department store

[dipɑ́ːrtmənt stɔːr]
ディパートメント ストー

デパート，百貨店

► go to a department store
デパートへ行く

0832

director

[dəréktər]
ディレクタァ

(映画などの)監督，指導者

► a movie director 映画監督

0833 ⚠ アクセント

discount

[dískaunt]
ディスカウント

割引き

► a 10% discount
10パーセントの割引き

0834

doghouse

[dɔ́(ː)ghaus]
ド(ー)グハウス

犬小屋

► how to make a doghouse
犬小屋の作り方

0835

drugstore

[drʌ́gstɔːr]
ドゥラグストー

ドラッグストア，薬局

► buy medicine at a drugstore
ドラッグストアで薬を買う

0836

ear

[iər]
イア

耳

► Elephants have big ears.
ゾウは大きな耳をしている。

0837

examination

[igzæ̀minéiʃ(ə)n]
イグザミネイション

試験

★「試験」の意味では短縮形examを使うことが多い

► take an examination 試験を受ける

0838

factory

[fǽkt(ə)ri]
ふァクトリィ

工場

► a toy factory おもちゃ工場

0839 **fair**
[feər]
ふェア

見本市，品評会(ひんぴょうかい)
▶ **a book fair** 書籍(しょせき)見本市，ブックフェア

0840 **fire**
[fáiər]
ふァイア

火事，火
▶ **There was a fire last night.**
昨夜，火事があった。

0841 **furniture**
[fə́:rnitʃər]
ふァ～ニチャ

家具
★数えられない名詞(めいし)なので，数える場合はa piece of ～を使う
▶ **buy new furniture** 新しい家具を買う

0842 **god**
[gɑ(:)d]
ガ(ー)ッド

神
▶ **ask gods for help** 神に助けを求める

0843 **government**
[gʌ́vər(n)mənt]
ガヴァ(ン)メント

政府(せいふ)
▶ **the American Government**
アメリカ政府(せいふ)

0844 **grass**
[græs]
グラス

草，芝生(しばふ)
▶ **cut the grass** 草を刈(か)る

0845 **hallway**
[hɔ́:lwei]
ホーるウェイ

(屋内の)通路，廊下(ろうか)，玄関(げんかん)
▶ **run in the hallway** 通路を走る

0846 **host**
[houst]
ホウスト

受け入れ側，(客をもてなす)主人
(⇔ guest (招(まね)かれた)客)
▶ **my host family**
私(わたし)の受け入れ先の家族，ホストファミリー

grass「草，芝生(しばふ)」とa glass of ～「コップ1杯(ぱい)の～」のglassを区別しよう。

0847

hurricane
[hə́ːrəkein]
ハ～リケイン

ハリケーン
★「台風」はtyphoon
► **a strong hurricane** 強いハリケーン

0848 ⚠アクセント

instrument
[ínstrəmənt]
インストゥルメント

楽器，（精密な）器械
► **a musical instrument** 楽器

0849

land
[lænd]
ランド

陸（⇔ sea 海），土地
動 上陸する，着陸する
► **live on land** 陸にすむ

0850

list
[list]
リスト

リスト，表
► **a shopping list** 買い物リスト

0851

medicine
[méds(ə)n]
メドゥス(ィ)ン

薬
► **take medicine** 薬を飲む

0852 ⚠発音

neighbor
[néibər]
ネイバァ

近所の人
► **a friendly neighbor** 親切な近所の人

0853

noise
[nɔiz]
ノイズ

物音，騒音
noisy 形 騒がしい
► **hear a noise** 物音を聞く

0854

opinion
[əpínjən]
オピニョン

意見
► **in my opinion** 私の意見では

0855

safety
[séifti]
セイふティ

安全（⇔ danger 危険）
safe 形 安全な　safely 副 安全に，無事に
► be worried about my children's safety
子どもたちの安全を心配している

0856

science fiction
[sàiəns fíkʃ(ə)n]
サイエンス ふィクション

SF，空想科学小説
► a science fiction movie SF映画

0857 発音

scissors
[sízərz]
スィザズ

はさみ
► borrow scissors はさみを借りる

0858

secret
[síːkrət]
スィークレット

秘密
形 秘密の
► It's a secret between us.
それは私たち2人だけの秘密だ。

0859

section
[sékʃ(ə)n]
セクション

（売り場などの）コーナー，一部分，区分，部門
► look for the meat section
肉のコーナーを探す

0860

sentence
[sént(ə)ns]
センテンス

文
► write a sentence 文を書く

0861

stamp
[stæmp]
スタンプ

切手
► put a stamp on a postcard
はがきに切手をはる

0862

state
[steit]
ステイト

（ときに S-）（アメリカなどの）州，国家
► New York State ニューヨーク州

アメリカには50のstate「州」があるね。

0863

tool

[tuːl]
トゥーる

(手で使う)道具

► use a tool 道具を使う

0864

trick

[trik]
トゥリック

芸当，いたずら

► teach a dog tricks 犬に芸を教える

0865 ⚠ アクセント

typhoon

[taifúːn]
タイふーン

台風

★「ハリケーン」はhurricane

► stay home during the typhoon
台風の間，家にいる

0866

view

[vjuː]
ヴュー

ながめ，景色

► the view from the top floor
最上階からのながめ

0867

village

[vílidʒ]
ヴィれッヂ

村

► in a small village 小さな村に

0868

wood

[wud]
ウッド

木材，(しばしば the ～s)森

► a table made of wood
木材でできたテーブル

0869 ⚠ アクセント

damage

[dǽmidʒ]
ダメッヂ

被害(ひがい)，損害(そんがい)

動 に損害(そんがい)を与(あた)える

► damage from the typhoon
台風による被害(ひがい)

0870

enemy

[énəmi]
エネミィ

敵(てき)

► the enemies of fish 魚の敵(てき)

0871

importance
[impɔ́ːrt(ə)ns]
インポータンス

重要性

important 形 重要な

► the importance of health
健康の重要性

0872

resort
[rizɔ́ːrt]
リゾート

行楽地

► a popular summer resort
人気のある夏の行楽地

0873

skill
[skil]
スキる

技能，技術

► learn new skills 新しい技能を習得する

0874

speed
[spiːd]
スピード

速度，スピード

► the speed of a car 車の速度

形容詞

0875

asleep
[əslíːp]
アスリープ

眠って，眠りこんで

► fall asleep 眠りに落ちる

0876

common
[ká(ː)mən]
カ(ー)モン

よくある，共通の

► a common name よくある名前

0877

daily
[déili]
デイリィ

日常の，毎日の [= everyday]

► daily life 日常生活

damage を「ダメージ」と発音しないように注意！

0878 ⚠ 発音・アクセント

female
[fíːmeil]
ふィーメイる

雌の，女性の（⇔ male 雄の，男性の）
名 雌，女性
► a female cat 雌の猫

0879

friendly
[fréndli]
ふレンドりィ

親しみやすい，親切な
► friendly people 親しみやすい人々

0880

homesick
[hóumsik]
ホウムスイック

ホームシックの，故郷［家］を恋しがる
► She is homesick.
彼女はホームシックだ。

0881

human
[hjúːmən]
ヒューマン

人間の
名 人間，人
★「人間」はhuman beingとも言う
► the human body 人体

0882

latest
[léitist]
れイテスト

（late の最上級の１つ）最新の
► the latest video game
最新のテレビゲーム

0883 ⚠ 発音

lonely
[lóunli]
ろウンりィ

ひとりぼっちの，さびしい
► The boy was lonely.
その男の子はひとりぼっちだった。

0884

natural
[nætʃ(ə)r(ə)l]
ナチ（ュ）ラる

自然の
nature 名 自然
► natural environment 自然環境

0885 ⚠ アクセント

necessary
[nésəseri]
ネセセリィ

必要な
► Sleep is necessary for health.
睡眠は健康に必要である。

0886

useful
[jú:sf(ə)l]
ユースふる

役に立つ [= helpful]
► useful information 役に立つ情報

0887

wild
[waild]
ワイるド

野生の
► a wild bear 野生のクマ

0888

alive
[əláiv]
アらイヴ

生きている (⇔ dead 死んでいる)
► The fish is alive. その魚は生きている。

0889

huge
[hju:dʒ]
ヒューヂ

巨大な
► a huge rock 巨大な岩

0890

low
[lou]
ろウ

低い (⇔ high 高い)
► a low ceiling 低い天井

0891

male
[meil]
メイる

雄の，男性の (⇔ female 雌の，女性の)
名 雄，男性
► a male tiger 雄のトラ

0892

polite
[pəláit]
ポらイト

礼儀正しい (⇔ rude 無作法な)
► a polite student 礼儀正しい生徒

0893

serious
[sí(ə)riəs]
スィ(ア)リアス

重大な，まじめな
► a serious problem 重大な問題

friendly は名詞の friend「友だち」がもとになっている形容詞だよ。

0894 ⚠発音

southern

[sʌ́ðərn]
サザン

南の，南部の（⇔ northern 北の，北部の）

south 名 南

► the southern part of the city
その都市の南部

副詞

0895

especially

[ispéʃ(ə)li]
イスペシャりィ

特に

► He likes music, especially jazz.
彼は音楽，特にジャズが好きだ。

0896

somewhere

[sʌ́m(h)weər]
サム(フ)ウェア

（通例肯定文で）どこかに［へ］

► leave my glasses somewhere
どこかにめがねを置き忘れる

0897

suddenly

[sʌ́d(ə)nli]
サドゥンりィ

突然

► Suddenly it started to rain.
突然雨が降り始めた。

前置詞

0898 ⚠発音

toward

[tɔːrd]
トード

～の方へ，～に向かって

► walk toward the exit
出口の方へ歩く

接続詞

0899 ⚠アクセント

although

[ɔːlðóu]

オーるぞウ

…だけれども [= though]

► **Although it was raining, she went jogging.** 雨が降っていたけれども，彼女はジョギングをしに行った。

代名詞

0900

nothing

[nʌ́θiŋ]

ナッすィング

何も～ない

► **I know nothing about it.** 私はそれについて何も知らない。

単語編は終わり！　ひと休みしよう。

単語編 でる度C チェックテスト

1 下線部の語句の意味を①～③の中からひとつ選びましょう。

(1) injure my **knee**　①腹　②ひざ　③腕

(2) a **thick** book　①役に立つ　②難しい　③厚い

(3) a **huge** rock　①巨大な　②かたい　③奇妙な

(4) **spread** a map　①を見せる　②を共有する　③を広げる

2 下線部の語句の意味を答えましょう。

(1) a **quiet** place　(　　　　)場所

(2) in my **opinion**　私の(　　　　)では

(3) **prepare** for the exam　試験のために(　　　　)

(4) **produce** cars　車(　　　　)

(5) go **straight**　(　　　　)行く

3 下線部の単語の意味と，その反意語を答えましょう。

(1) a **dry** shirt　⇔ a (　　　　) shirt
(　　　　)シャツ

(2) a **dangerous** area　⇔ a (　　　　) area
(　　　　)地域

(3) meet at the **entrance** ⇔ meet at the (　　　　)
(　　　　)で会う

正解

1 (1) ② (→0750)　(2) ③ (→0687)　(3) ① (→0889)　(4) ③ (→0704)

2 (1) 静かな (→0682)　(2) 意見 (→0854)　(3) 準備する (→0606)
(4) を生産する (→0814)　(5) まっすぐに (→0696)

3 (1) wet ／乾いた (→0786)　(2) safe ／危険な (→0673)
(3) exit ／入り口 (→0627)

熟語編

よくでる重要熟語 200

でる度 A よくでる重要熟語

Section 10

見出し語番号 0901~1000

0901 **want to *do***	～したい（と思う）
The girl **wants to get** a new bike.	その女の子は新しい自転車を買いたいと思っています。
0902 **like to *do***	～するのが好きである
She **likes to go** shopping with her friends.	彼女は友だちと買い物に行くのが好きです。
0903 **have to *do***	～しなければならない
I **have to finish** this report by next Monday.	私はこの報告書を次の月曜日までに完成させなければなりません。
0904 **like *doing***	～するのが好きである
Those boys **like playing** basketball very much.	その男の子たちはバスケットボールをするのがとても好きです。
0905 **enjoy *doing***	～するのを楽しむ
They **enjoyed watching** a volleyball game on TV.	彼らはテレビでバレーボールの試合を見るのを楽しみました。
0906 **look forward to *doing* [*A*]**	～するのを［Aを］楽しみに待つ
I'm **looking forward to seeing** you again.	またあなたに会えるのを楽しみに待っています。

0907

need to *do*

～する必要がある

We **need to find** someone who can speak French.

私たちはフランス語が話せる人を見つける必要があります。

0908

take *A* to *B*

AをBに連れていく，AをBに持っていく

Dad **took** me **to** the baseball game.

お父さんは私をその野球の試合に連れていってくれました。

0909

how long ～

どれくらいの時間［期間，長さ］～

How long is the show?

上映時間はどれくらいですか。

0910

want *A* to *do*

Aに～してほしい（と思う）

My father **wants** me **to become** a doctor.

父は私に医師になってほしいと思っています。

0911

be good at ～

～がじょうず［得意］である

My uncle **is good at** playing soccer.

私のおじはサッカーをするのがじょうずです。

0912

go out (for ～)

（～に）出かける

It's a beautiful day. Why don't we **go out for** lunch?

いい天気ですね。昼食に出かけませんか。

0913

start *doing*

～し始める

She **started learning** English when she was ten.

彼女は10歳のときに英語を学び始めました。

熟語はできるだけ例文で覚えるようにしようね。

0914

after school

放課後に

I always go straight home **after school**.

私はいつも放課後にまっすぐ帰宅します。

0915

go and *do*

～しに行く

I have a stomachache. Could you **go and get** some medicine for me?

私はおなかが痛いです。私のために薬を取りに行っていただけますか。

0916

grow up (in ～)

(～で) 成長する，
(～で) 大人になる

He was born in Australia, but **grew up in** Japan.

彼はオーストラリアで生まれましたが，日本で育ちました。

0917

this morning

今朝

It was raining **this morning**, but it's sunny now.

今朝は雨が降っていましたが，今は晴れています。

0918

be popular with *A*

Aに人気がある

In that country, ice hockey **is popular with** many people.

その国では，アイスホッケーはたくさんの人に人気があります。

0919

a lot of ～

たくさんの～ [= lots of ～]

★～には数えられる名詞も数えられない名詞も入る

I have **a lot of** things to do today.

今日はすることがたくさんあります。

0920

be able to *do*

～することができる

They made a robot that **is able to walk**.

彼らは歩くことができるロボットを作りました。

0921
from *A* to *B*
AからBまで

She goes to swimming school **from** Mondays **to** Thursdays.
彼女は毎週月曜日から木曜日までスイミングスクールに通っています。

0922
a little
少し

It was warm yesterday, but it is **a little** cold this morning.
昨日は暖かかったけれど，今朝は少し寒いです。

0923
be late for ～
～に遅刻する［遅れる］

I forgot to set my alarm clock last night, so I **was late for** school.
昨夜，私は目覚まし時計をセットし忘れたので，学校に遅刻しました。

0924
how to *do*
～の仕方，～する方法

My grandmother taught me **how to make** an apple pie.
祖母は私にアップルパイの作り方を教えてくれました。

0925
look for ～
～を探す

We are **looking for** people who can do volunteer work.
私たちはボランティアの仕事ができる人を探しています。

0926
a few ～
少数の～，2，3の～
★～には数えられる名詞の複数形が入る

I saw him at the gym **a few** minutes ago.
私は数分前に彼を体育館で見かけました。

0927
ask *A* to *do*
Aに～するように頼む

My friend **asked** me **to bring** something to drink to the picnic.
友だちは私にピクニックに何か飲み物を持ってくるように頼みました。

this morning「今朝」は in などの前置詞をつけないで使うよ。

0928

be ready for ～

～の準備ができている

He **is ready for** tomorrow's science test.

彼は明日の理科のテストの準備ができています。

0929

move to ～

～に引っ越す

The family **moved to** a new house near a lake last month.

その家族は先月，湖の近くの新しい家に引っ越しました。

0930

decide to *do*

～することに決める

My older brother **decided to buy** a used car made in Germany.

私の兄はドイツ製の中古車を買うことに決めました。

0931

in front of ～

～の前で［に］

(⇔ behind ～の後ろに)

Let's meet **in front of** the department store at noon.

正午にデパートの前で会いましょう。

0932

one of ～

～の1人［1つ］

They have three children. **One of** them is a college student.

彼らには3人の子どもがいます。そのうちの1人は大学生です。

0933

plan to *do*

～するつもりである

I'm **planning to take** cooking lessons during summer vacation.

私は夏休みの間，料理のレッスンを受けるつもりです。

0934

～ year(s) old

～歳

★1歳はone year oldと表す

I visited China when I was twelve **years old**.

私は12歳のときに中国を訪れました。

0935

help *A* with *B*

AのBを手伝う

He often **helps** his father **with** his work.

彼(かれ)はよく父親の仕事を手伝います。

0936

by *oneself*

1人で，独力(どくりょく)で [= alone]

My grandfather lives **by himself** in a small apartment.

私(わたし)の祖父(そふ)は小さなアパートで1人で暮(く)らしています。

0937

forget to *do*

～するのを忘(わす)れる

Don't **forget to send** her a letter.

彼女(かのじょ)に手紙を送るのを忘(わす)れてはいけません。

0938

in the morning [afternoon / evening]

午前(中) [午後／夕方] に

I studied at the library **in the morning**.

私(わたし)は午前中に図書館で勉強しました。

0939

take part in ～

～に参加する

My classmate is going to **take part in** the speech contest next month.

私(わたし)のクラスメートは来月スピーチコンテストに参加する予定です。

0940

worry about ～

～のことを心配する

I can do it myself, so don't **worry about** me.

私(わたし)は自分でそれをできるから，私(わたし)のことを心配しないでね。

0941

go home

家に帰る

Children, it's time to **go home**.

子どもたち，家に帰る時間ですよ。

oneself は主語によって myself や himself などに変わるよ。

0942

how often ～

どれくらいの頻度で～

How often do you play tennis?

あなたはどれくらいの頻度でテニスをしますか。

0943

listen to ～

～を聞く

She is **listening to** music in her room.

彼女は自分の部屋で音楽を聞いています。

0944

make *A* of *B*

AをBで作る

★原材料の質が変化しない場合に使う

We bought two chairs that were **made of** wood.

私たちは木で作られたいすを2脚買いました。

0945

stay home

家にいる

If it rains tomorrow, I'll **stay home** and watch TV.

明日雨が降ったら，私は家にいてテレビを見ます。

0946

tell *A* to *do*

Aに～するように言う

My mother often **tells** me **to read** books.

母はよく私に本を読むように言います。

0947

each other

お互い

We've known **each other** since we were small.

私たちは幼いころからお互いを知っています。

0948

far away

遠くに

I don't see my grandparents often because they live **far away**.

私の祖父母は遠くに住んでいるので，私は彼らに頻繁には会いません。

0949

get off (～)

(乗り物から)降りる

(⇔ get on (～) (乗り物に)乗る)

Let's **get off** the bus at the next stop and walk.

次の停留所でバスを降りて歩きましょう。

0950

get up

起きる

I **get up** early every morning to go jogging.

私はジョギングに行くために毎朝早く起きます。

0951

have lunch

昼食をとる

We **had lunch** at an Italian restaurant near the museum.

私たちは博物館の近くのイタリア料理店で昼食をとりました。

0952

more than ～

～を超える，～より多い

There were **more than** a hundred people at the party.

そのパーティーには100人を超える人々がいました。

0953

pay (*A*) for *B*

Bのために(Aを)支払う

★Aはお金，Bは品物などが入る

The woman **paid** fifty dollars **for** dinner last night.

その女性は昨夜，夕食のために50ドルを支払いました。

0954

run away

逃げる，走り去る

The news says that a monkey **ran away** from the zoo.

ニュースによると，1匹のサルが動物園から逃げました。

0955

try on ～

～を試着する

Excuse me. Can I **try on** this jacket?

すみません。この上着を試着してもいいですか。

more than ～ の反対は less than ～「～より少ない」だね。

0956

turn off ～

(電気など)を消す，(ガス・水道など)を止める

Please **turn off** the light when you leave the room.

部屋を出るときは明かりを消してください。

0957

wait for ～

～を待つ

I'll **wait for** you at the restaurant.

私(わたし)はそのレストランであなたを待ちます。

0958

because of ～

～のために

We didn't go to see the soccer game **because of** the bad weather.

私(わたし)たちは悪天候のためにそのサッカーの試合を見に行きませんでした。

0959

do well (on ～)

(～で)うまくいく，(～で)よい結果を出す

I hope I'll **do well on** the English test.

英語のテストでうまくいくといいな。

0960

one day

いつか，ある日

★未来にも過去(かこ)にも使う

He wants to travel in Europe **one day**.

彼(かれ)はいつかヨーロッパを旅行したいと思っています。

0961

too *A* to *do*

とてもA(形容詞(けいようし)・副詞(ふくし))なので～できない

The man was **too** busy **to have** lunch today.

その男性(だんせい)はとても忙(いそが)しかったので，今日昼食をとることができませんでした。

0962

all over the world

世界中(で)

That singer is known to people **all over the world**.

その歌手は世界中の人々に知られています。

0963

arrive in [at] ～

～に着く，～に到着する
★inは広い場所，atは狭い場所に使う

We will **arrive in** Chicago before noon.

私たちは正午まではシカゴに着くでしょう。

0964

at first

最初は（⇔ in the end 最後には）

At first, I didn't like math, but now it's my favorite subject.

最初は，私は数学が好きでありませんでしたが，今では大好きな教科です。

0965

be afraid of ～

～を恐れる，～を怖がる
[≒ be scared of ～]

Don't **be afraid of** making mistakes.

間違えることを恐れてはいけません。

0966

be sick in bed

病気で寝ている

She has **been sick in bed** for five days.

彼女は５日間病気で寝ています。

0967

get home

帰宅する

When I **got home**, my mother was washing clothes.

私が帰宅したとき，母は衣類を洗っていました。

0968

invite *A* to *B*

AをBに招待する

Our friend **invited** us **to** her birthday party.

私たちの友だちは私たちを彼女の誕生日パーティーに招待してくれました。

0969

lots of ～

たくさんの～ [= a lot of ～]
★～には数えられる名詞も数えられない名詞も入る

You don't have to bring anything because there will be **lots of** food.

食べ物はたくさんあるので，あなたは何も持ってこなくていいです。

be sick in bed「病気で寝ている」は bed に a や the がつかないことに注意。

0970	
on business	仕事で
My father sometimes goes to Los Angeles **on business**.	私の父はときどき仕事でロサンゼルスへ行きます。

0971	
stay at ~	(場所)に泊まる
She is going to **stay at** her friend's house tonight.	彼女は今夜友だちの家に泊まる予定です。

0972	
want to be [become] ~	~になりたい(と思う)
I **want to be** an astronaut in the future.	私は将来,宇宙飛行士になりたいと思います。

0973	
all day (long)	1日中
It will be sunny **all day long** tomorrow.	明日は1日中晴れるでしょう。

0974	
both *A* and *B*	AもBも両方とも
The store manager is able to speak **both** Japanese **and** English.	その店長は日本語も英語も両方とも話すことができます。

0975	
look like ~	~に似ている, ~のように見える
That dress **looks like** the one I bought last week.	あのドレスは私が先週買ったものに似ています。

0976	
put on ~	~を着る,~を身につける (⇔ take off ~ ~を脱ぐ)
It was cold, so I **put on** a coat.	寒かったので,私はコートを着ました。

0977

speak to ～

～に話しかける

I **spoke to** the woman looking at the map.

私は地図を見ている女性に話しかけました。

0978

stay in ～

(場所)に滞在する[泊まる]

My family and I **stayed in** Canada for two weeks last summer.

私の家族と私は昨年の夏，2週間カナダに滞在しました。

0979

～ than any other *A*

他のどのA(単数名詞)よりも～(比較級)

Our soccer team is stronger **than any other** team in this city.

私たちのサッカーチームはこの市の他のどのチームよりも強いです。

0980

travel to ～

～に行く，～へ旅行する

He **traveled to** Seattle by train.

彼は列車でシアトルに行きました。

0981

a pair of ～

1組[足，対]の～

I want to buy **a** new **pair of** shoes for my school trip.

私は修学旅行のために新しい靴を1足買いたいです。

0982

anything else

(疑問文で)他に何か

Do you want me to do **anything else**, Grandma?

他に何か私にしてほしいことはある，おばあちゃん？

0983

be proud of ～

～を誇りに思う

She **is proud of** her son.

彼女は息子を誇りに思っています。

on business「仕事で」は business に a や the をつけないよ。

0984

be ready to *do*

～する準備ができている

Are you **ready to go** to the party?

パーティーに行く準備はできていますか。

0985

do *one's* best

最善を尽くす

I'll **do my best** in the next tennis match.

私は次のテニスの試合で最善を尽くします。

0986

far from ～

～から遠くに

Is your house **far from** the station?

あなたの家は駅から遠いですか。

0987

find out ～

～を知る，～を見つけ出す

Please visit our website to **find out** more information.

もっと多くの情報を知るには，私たちのウェブサイトを訪れてください。

0988

get married

結婚する

My granddaughter **got married** two years ago.

私の孫娘は2年前に結婚しました。

0989

get to ～

～に着く

What time are we going to **get to** the airport?

私たちは何時に空港に着くでしょうか。

0990

give *A* a ride

Aを車で送る［車に乗せる］

It was raining, so my father **gave** me **a ride** to school.

雨が降っていたので，父が私を学校まで車で送ってくれました。

0991

go into ～

～に入る [= enter]

Please take off your shoes when you **go into** the house.

家に入るときは靴を脱いでください。

0992

go to work

仕事に行く

Dad, do you have to **go to work** this Saturday?

お父さん，今度の土曜日は仕事に行かなければならないの？

0993

have time to *do*

～する時間がある

We didn't **have time to visit** her last month.

私たちは先月，彼女を訪ねる時間がありませんでした。

0994

hear about ～

～について聞く

Did you **hear about** the train accident?

あなたはその列車の事故について聞きましたか。

0995

in the world

世界（中）で

That is the highest mountain **in the world**.

あれは世界で最も高い山です。

0996

most of ～

～のほとんど

Most of the students go to school by bus.

生徒のほとんどがバスで学校へ行きます。

0997

near here

この近くに

Are there any good restaurants **near here**?

この近くによいレストランはありますか。

do *one's* best などの *one's* は主語によって my などに変わるよ。

0998	
next to ～	～の隣に
He works at the coffee shop **next to** the hotel.	彼はそのホテルの隣のコーヒー店で働いています。

0999	
not ～ at all	まったく～ない
I did**n't** understand his story **at all**.	私は彼の話がまったく理解できませんでした。

1000	
not have to *do*	～しなくてもよい，～する必要がない
You do**n't have to eat** that.	それを食べなくてもいいですよ。

● 目的語が入る？　入らない？

run away (➡0954) とtry on ～ (➡0955) という2つの熟語を見てみましょう。try onには ～ がついています。これはなぜでしょうか？

～ には目的語になる名詞や名詞の働きをする語句が入ります。したがって try on ～ の場合はtry on this jacketのように，～ の部分に目的語となる名詞が必ず置かれます。それに対して，「逃げる」を意味するrun awayは目的語を伴いません。ですから「～ がついている熟語は目的語が必要，～ がなければ目的語なし」ということを意識して覚えるようにしましょう。

なお，目的語が代名詞のときは，try it onのように語順が変わる場合もあるので注意しましょう。

Section 11

1001 **pick up *A***	Aを車で迎えに行く[来る]
She is going to **pick up** her husband at the station tonight.	彼女は今夜夫を駅に車で迎えに行く予定です。
1002 **stay with *A***	Aのところに泊まる[滞在する]
I'm going to **stay with** my uncle in Sydney next weekend.	私は来週末，シドニーにいるおじのところに泊まる予定です。
1003 **stop *doing***	～するのをやめる
The students **stopped talking** when the teacher came in.	生徒たちは先生が入ってくるとおしゃべりするのをやめました。
1004 **take a trip**	旅行する
I hear you're going to **take a trip** next month.	あなたは来月旅行するそうですね。
1005 **take care of ～**	～の世話をする [= look after ～]
Who's going to **take care of** your dog while you're on vacation?	あなたが休暇の間は誰が犬の世話をするのですか。
1006 **twice a week [month]**	週[月]に2回
I work at the hospital as a volunteer **twice a week**.	私は週に2回ボランティアとして病院で働いています。

stay with *A* と stay at ～，stay in ～ をしっかり区別しよう。

1007

wake up	目が覚める，起きる
The girl **woke up** early today.	その女の子は今日早く目が覚めました。

1008

work for ～	～で働く，～に勤める，(ある時間)働く
He **works for** a big airline company.	彼は大きな航空会社で働いています。

1009

a lot	ずいぶん，たいへん
He helped me **a lot** when I stayed in the United States.	彼は私がアメリカに滞在していたときにずいぶん私を助けてくれました。

1010

at work	仕事中で，職場で
She is **at work** now, so could you come again later?	彼女は今仕事中なので，後でまた来ていただけますか。

1011

be different from ～	～と違う
My idea **is different from** his.	私の考えは彼の考えと違います。

1012

be in the hospital	入院している
My friend has **been in the hospital** since last Tuesday.	私の友だちはこの前の火曜日から入院しています。

1013

be sold out	売り切れている
The concert tickets will **be sold out** soon.	そのコンサートのチケットはすぐに売り切れるでしょう。

1014

between *A* and *B*

AとBの間に

The post office is **between** a supermarket **and** a bookstore.

その郵便局はスーパーマーケットと書店の間にあります。

1015

catch a cold

風邪をひく

He **caught a cold** and couldn't go on the school trip.

彼は風邪をひいて修学旅行に行けませんでした。

1016

come back

戻ってくる

You can go to the park. But **come back** before dinner.

公園に行ってもいいですよ。でも夕食の前に戻ってきなさい。

1017

come home

帰宅する

Can you **come home** early? Grandma will visit us today.

早く帰宅できますか。今日はおばあちゃんがうちへ来ます。

1018

do *one's* homework

宿題をする

I usually **do my homework** after school.

私はたいてい放課後に宿題をします。

1019

for free

無料で

You can enter the museum **for free** today.

今日はその博物館に無料で入れます。

1020

for the first time

初めて

He took a plane **for the first time** when he went to China this spring.

彼は今年の春に中国へ行ったとき，初めて飛行機に乗りました。

Have you done your homework yet? は「もう宿題はやったかな？」。

1021

go back to ~ ～へ戻る，～へ帰る

The exchange student **went back to** the United States last month.
その交換留学生は先月アメリカへ戻りました。

1022

how far ~ どれくらいの距離で～

How far is it from here to the station?
ここから駅までどれくらいの距離ですか。

1023

how many times ~ 何回～

How many times have you been to France?
あなたはフランスに何回行ったことがありますか。

1024

hurry up 急ぐ

Hurry up! The concert will start in ten minutes.
急いで！ あと10分でコンサートが始まります。

1025

in the future 将来，未来に

What do you want to do **in the future**?
あなたは将来何をしたいですか。

1026

not ~ yet まだ～ない

I have**n't** finished cleaning my room **yet**.
私はまだ部屋の掃除を終えていません。

1027

on vacation 休暇（中）で

I'm going to Hawaii **on vacation** this summer.
私は今年の夏に休暇でハワイへ行く予定です。

1028 □□□
put *A* in *B*
AをBに入れる
He **put** his old clothes **in** a box.
彼は古い衣服を箱に入れました。

1029 □□□
stay up late
遅くまで起きている
I'm sleepy because I **stayed up late** last night.
私は昨夜遅くまで起きていたので眠いです。

1030 □□□
such as ～
(たとえば)～のような
Fruit **such as** peaches and pears is grown in this area.
この地域ではモモやナシのような果物が栽培されています。

1031 □□□
take a walk
散歩する [≒ go for a walk]
Let's **take a walk** this afternoon.
今日の午後，散歩しましょう。

1032 □□□
take lessons
レッスンを受ける
My sister **takes** piano **lessons** because she wants to be a pianist.
私の姉[妹]はピアニストになりたいのでピアノのレッスンを受けています。

1033 □□□
these days
最近，近ごろは
These days, a lot of people care about the environment.
最近，たくさんの人が環境を気にかけています。

1034 □□□
write back
(手紙やEメールなどの)返事を書く [返信をする]
I hope you will **write back** soon.
あなたがすぐに返事を書いてくれることを望んでいます。

How many times ～? には once, twice, three times などで答えるよ。

1035 **write to ～**	～に手紙[Eメール]を書く
I **wrote to** my parents every month while I was studying abroad in Boston.	私はボストンに留学している間，毎月両親に手紙[Eメール]を書きました。
1036 **(a) part of ～**	～の一部
Cleaning these rooms is **a part of** his job.	これらの部屋を掃除することは彼の仕事の一部です。
1037 **a piece of ～**	1切れ[片，枚]の～ ★数えられない名詞につく
Would you like **a piece of** cake?	ケーキを1切れいかがですか。
1038 **all the way**	(その間)ずっと，はるばる
He had to walk **all the way** home from school.	彼は学校から家までずっと歩かなければなりませんでした。
1039 **as ～ as ...**	…と同じくらい～
I can run **as** fast **as** my older brother.	私は兄と同じくらい速く走ることができます。
1040 **as usual**	いつものように
As usual, her father took a bath before dinner.	いつものように，彼女の父親は夕食の前にお風呂に入りました。
1041 **at last**	やっと，ついに，とうとう [= finally]
I finished my homework **at last**.	私はやっと宿題をやり終えました。

1042

at the end of ～

～の終わりに，～の突き当たりに

We asked the teacher some questions **at the end of** the class.

私たちは授業の終わりに先生にいくつか質問をしました。

1043

be back

戻る

Mom, I'm going out now, but I'll **be back** before it gets dark.

お母さん，今から外出するけれど，暗くなる前に戻るね。

1044

be full of ～

～でいっぱいである

The sky **was full of** stars.

空は星でいっぱいでした。

1045

be glad to *do*

～してうれしい

[= be happy to *do*]

I'**m glad to know** that you've passed the exam.

私はあなたが試験に合格したと知ってうれしいです。

1046

be in a hurry

急いでいる

Sorry, I can't talk now. I'**m in a hurry** to get to work.

ごめんなさい，今は話せません。職場へ行くのに急いでいます。

1047

be interested in ～

～に興味がある

He **is interested in** Japanese history.

彼は日本の歴史に興味があります。

1048

be kind to ～

～に親切である

The new neighbor **was** very **kind to** us.

新しい隣人は私たちにとても親切でした。

be glad to *do* の to *do* は「～して」と感情の原因を表す不定詞だね。

1049

be tired of *doing*

~するのに飽きて[うんざりして]いる

I'**m tired of watching** TV. Let's go for a walk.

私はテレビを見るのに飽きました。散歩に行きましょう。

1050

cheer up *A*

Aを元気づける

She looked sad, so we tried to **cheer** her **up**.

彼女は悲しそうだったので，私たちは彼女を元気づけようとしました。

1051

come true

実現する，本当になる

I'm sure your dream will **come true**.

あなたの夢はきっと実現すると私は思います。

1052

feel sick

気分が悪い

He **felt sick**, so he went home early.

彼は気分が悪かったので，早く家に帰りました。

1053

finish *doing*

~し終える

My father **finished washing** his car before lunch.

私の父は昼食の前に車を洗い終えました。

1054

first of all

まず最初に

First of all, let me introduce myself.

まず最初に，自己紹介をさせてください。

1055

for example

たとえば

There are many kinds of winter sports, **for example**, skiing and snowboarding.

たくさんの種類の冬のスポーツがあります。たとえば，スキーやスノーボードです。

1056

get angry

怒る

She **got angry** because I broke her favorite cup.

私が彼女のお気に入りのカップを割ったので，彼女は怒りました。

1057

get back (to ~)

(~に)戻る

He **got back to** his office at 3 p.m.

彼は午後3時に事務所に戻りました。

1058

go on a trip

旅行に行く

They **went on a trip** to Mexico last month.

彼らは先月メキシコへ旅行に行きました。

1059

have a cold

風邪をひいている

Mom, can I stay home today? I think I **have a cold**.

お母さん，今日は家にいてもいい？ 風邪をひいていると思うの。

1060

have a stomachache

腹痛がする

The girl was absent from school yesterday because she **had a stomachache**.

その女の子は昨日腹痛がしたので学校を休みました。

1061

help *A* (to) *do*

Aが～するのを手伝う

He **helped** his mother **to wash** the dishes.

彼は母親が皿を洗うのを手伝いました。

1062

hundreds of ~

何百もの～

Hundreds of people were waiting outside the concert hall.

コンサートホールの外では何百人もの人々が待っていました。

be tired of は of が前置詞だから動名詞 *doing* が続くんだね。

1063

in time

間に合って

The woman ran to the station and was just **in time** to catch the train.

その女性は駅まで走り，ちょうど電車に間に合いました。

1064

introduce *A* to *B*

AをBに紹介する

He **introduced** his best friend **to** us.

彼は親友を私たちに紹介しました。

1065

It takes *A B* to *do*

Aが～するのにB（時間）がかかる

It took me a month **to read** the book.

私はその本を読むのに1カ月かかりました。

1066

keep *doing*

～し続ける

Keep practicing if you want to win the match.

その試合に勝ちたいのなら，練習し続けなさい。

1067

look after ～

～の世話をする
[= take care of ～]

Could you **look after** your little sister while I go to the bank?

私が銀行へ行く間，あなたの妹の世話をしてもらえますか。

1068

make a speech

スピーチ［演説］をする
[= give a speech]

She had to **make a** long **speech** at the meeting yesterday.

彼女は昨日，会合で長いスピーチをしなければなりませんでした。

1069

no more ～

これ以上～ない

There are **no more** boxes in my house.

私の家にはこれ以上箱はありません。

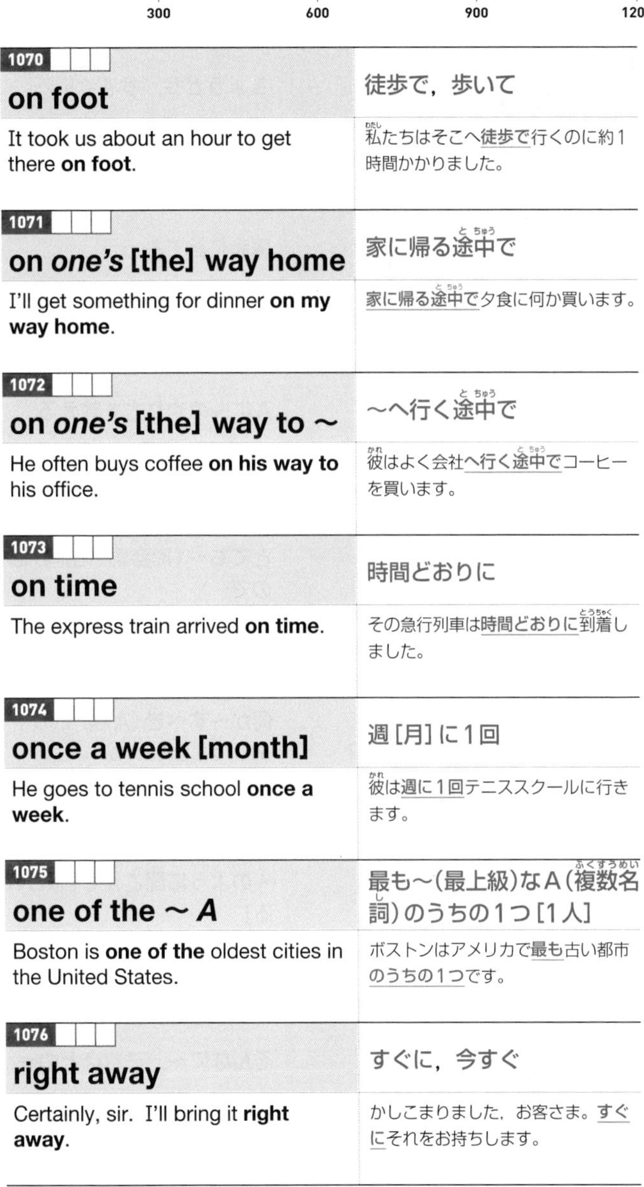

1070 on foot

徒歩で，歩いて

It took us about an hour to get there **on foot**.

私たちはそこへ徒歩で行くのに約1時間かかりました。

1071 on *one's* [the] way home

家に帰る途中で

I'll get something for dinner **on my way home**.

家に帰る途中で夕食に何か買います。

1072 on *one's* [the] way to ～

～へ行く途中で

He often buys coffee **on his way to** his office.

彼はよく会社へ行く途中でコーヒーを買います。

1073 on time

時間どおりに

The express train arrived **on time**.

その急行列車は時間どおりに到着しました。

1074 once a week [month]

週［月］に1回

He goes to tennis school **once a week**.

彼は週に1回テニススクールに行きます。

1075 one of the ～ *A*

最も～(最上級)なA(複数名詞)のうちの1つ［1人］

Boston is **one of the** oldest cities in the United States.

ボストンはアメリカで最も古い都市のうちの1つです。

1076 right away

すぐに，今すぐ

Certainly, sir. I'll bring it **right away**.

かしこまりました，お客さま。すぐにそれをお持ちします。

in time「間に合って」と on time「時間どおりに」の違いに注意しよう。

1077

right now

ちょうど今，今すぐに

OK, I'm doing it **right now**.	いいですよ，私はちょうど今それをやっています。

1078

see the [a] doctor

医者に診てもらう

She had a fever, so she went to **see the doctor**.	彼女は熱があったので，医者に診てもらいに行きました。

1079

show *A* how to *do*

Aに～のやり方を教える

Can you **show** me **how to use** this machine?	私にこの機械の使い方を教えてくれますか。

1080

so ～ that ...

とても～(形容詞・副詞)なので…

We were **so** tired **that** we went to bed early.	私たちはとても疲れていたので早く寝ました。

1081

something (*A*) to *do*

何か～すべき(Aな)もの
★Aには形容詞が入る

I'm thirsty. I want **something** cold **to drink**.	私はのどが渇いています。何か冷たい飲み物がほしいです。

1082

sound like ～

～のように聞こえる[思われる]

That **sounds like** a great idea.	それはすばらしい考えのように聞こえます。

1083

such a [an] ～

そんなに～，これほどの～

I've never had **such a** delicious cake.	私はそんなにおいしいケーキを食べたことがありません。

1084 **take a picture**

写真を撮る
[= take a photo]

He **took** a lot of **pictures** during his trip.

彼は旅行中にたくさんの写真を撮りました。

1085 **take a shower**

シャワーを浴びる

She **took a shower** after she played tennis.

彼女はテニスをした後にシャワーを浴びました。

1086 **take off ～**

～を脱ぐ（⇔ put on ～ ～を着る）

The man **took off** his hat when he went into the church.

その男性は教会の中へ入ったときに帽子を脱ぎました。

1087 **the other day**

先日

I met an old friend of mine on the street **the other day**.

先日，私は通りで昔の友だちに会いました。

1088 **the same as ～**

～と同じ

My bag is **the same as** my sister's.

私のかばんは姉[妹]のかばんと同じです。

1089 **this way**

こちらへ

Please come **this way**. I'll show you our office.

どうぞこちらへ来てください。私たちの事務所をお見せします。

1090 **thousands of ～**

何千もの～，たくさんの～

Thousands of people visit this castle every month.

毎月，何千人もの人々がこの城を訪れます。

this way「こちらへ」は to などを前につけないで使うよ。

1091

turn down ～

（テレビ・ラジオなど）の音量を下げる

Could you **turn down** the music? I'm studying.

音楽の音量を下げていただけますか。私は勉強しているのです。

1092

a glass of ～

コップ1杯の～

Can I have **a glass of** milk?

牛乳をコップ1杯もらえますか。

1093

be covered with ～

～でおおわれている

When I saw the ground this morning, it **was covered with** snow.

今朝地面を見たら，それは雪でおおわれていました。

1094

be filled with ～

～でいっぱいである

The place **was filled with** young people.

その場所は若者でいっぱいでした。

1095

break *one's* promise

約束を破る

She **broke her promise** and didn't come to the meeting.

彼女は約束を破って会合に来ませんでした。

1096

give *A* a hand

Aを手伝う

I have to move this table. Could you **give** me **a hand**?

このテーブルを動かさなければなりません。私を手伝っていただけますか。

1097

give up

あきらめる，やめる

You can do it if you try harder. Don't **give up**!

もっと一生懸命やればあなたならそれができます。あきらめないで！

1098

have an interview with *A*

Aにインタビューをする，Aと面談する

She will **have an interview with** a famous pianist tomorrow.

彼女は明日，有名なピアニストにインタビューをします。

1099

in fact

実際は，実は

My brother is very good at soccer. **In fact**, he's the best player in his school.

私の兄[弟]はサッカーがとてもじょうずです。実際，彼は学校でいちばんじょうずな選手です。

1100

leave for ～

～へ(向けて)出発する

She **leaves for** school early in the morning every day.

彼女は毎日朝早く学校へ向かいます。

● to *do*それとも*doing*？

「～するのが好きである」はlike to *do*(➡0902)とlike *doing*(➡0904)のようにlikeの後にto *do*と*doing*のどちらでも続けることができます。

ところが，plan to *do*(➡0933)やbe ready to *do*(➡0984)はto *do*の代わりに*doing*を置くことはできません。逆にenjoy *doing*(➡0905)やfinish *doing*(➡1053)は*doing*をto *do*に変えることはできません。

また，stop *doing*(➡1003)は現在行っていることに対して「～するのをやめる」を表します。一方，stop to *do*はこれから行うことに対して「～するために立ち止まる」を意味し，このように意味に違いが出てくる動詞もあります。

to *do*を使うのか*doing*を使うのか，動詞と組み合わせてしっかりと覚えるようにしましょう。

熟語編 でる度A チェックテスト

1 下線部の語句の意味を①～③の中からひとつ選びましょう。

(1) **look after** your little sister
① ～を探す　② ～の世話をする　③ ～に似ている

(2) **in front of** the department store
① ～の近くで　② ～の中で　③ ～の前で

(3) **do my homework** after school
① 宿題をする　② 帰宅する　③ レッスンを受ける

2 日本語に合うように（　）に英単語を入れましょう。

(1) 彼はよく父親の仕事を手伝います。
He often helps his father (　　　　) his work.

(2) あなたの夢はきっと実現すると私は思います。
I'm sure your dream will come (　　　　).

(3) またあなたに会えるのを楽しみに待っています。
I'm looking (　　　　) to seeing you again.

3 日本語に合うように①～③の中から選びましょう。

(1) お互いを知っている
know each (① one　② other　③ another)

(2) 風邪をひく　(① catch　② take　③ hold) a cold

(3) スピーチコンテストに参加する
take (① place　② piece　③ part) in the speech contest

正解

1 (1) ②(→1067)　(2) ③(→0931)　(3) ①(→1018)
2 (1) with (→0935)　(2) true (→1051)　(3) forward (→0906)
3 (1) ②(→0947)　(2) ①(→1015)　(3) ③(→0939)

熟語編

差がつく応用熟語 100

でる度 **B** 差がつく応用熟語

Section 12

見出し語番号 1101~1200

1101	
a slice of ~	1切れ[枚]の~ ★薄く切ったものに使う
He put **a slice of** lemon into his tea.	彼は紅茶にレモンを1切れ入れました。

1102	
agree with ~	~に同意する
If you don't **agree with** me, please say so.	私に同意しないのなら，どうぞそう言ってください。

1103	
all the time	いつも，その間ずっと
He never listens. He just talks **all the time**.	彼は決して話を聞きません。いつもしゃべってばかりです。

1104	
as soon as possible	できるだけ早く
Please contact her **as soon as possible**.	できるだけ早く彼女に連絡をとってください。

1105	
ask (*A*) for ~	(Aに)~を求める[頼む]
I was very busy, so I **asked** her **for** help.	私はとても忙しかったので，彼女に助けを求めました。

1106	
be absent from ~	~を休んでいる
He has **been absent from** school for three days.	彼は3日間学校を休んでいます。

1107

be careful (about ~)

(～に)気をつける

I think you drive too fast. You should **be** more **careful about** driving.

あなたは車のスピードを出しすぎだと思います。運転にもっと気をつけたほうがいいです。

1108

be happy to *do*

～してうれしい
[= be glad to *do*]

She **was happy to hear** the good news.

彼女はよい知らせを聞いてうれしく思いました。

1109

be known as ~

～として知られている

Chicago **is known as** the "Windy City."

シカゴは「風の街」として知られています。

1110

brush *one's* teeth

歯をみがく

Brush your teeth before going to bed.

寝る前に歯をみがきなさい。

1111

change *one's* mind

気が変わる，考えを変える

He **changed his mind** and didn't go to the party.

彼は気が変わってそのパーティーに行きませんでした。

1112

day and night

昼も夜も

The work continues **day and night**.

その作業は昼も夜も続きます。

1113

fall down

転ぶ，倒れる

I **fell down** when I was running to school.

私は学校に向かって走っていたときに転びました。

as soon as possible の possible は「可能な」という意味だよ。

1114

feel better

気分[体調]がよくなる

I had a fever this morning, but now I'm **feeling better**.

私は今朝は熱がありましたが，今は気分がよくなりました。

1115

feel like *doing*

～したい気分である

I **feel like eating** Italian food tonight.

私は今夜はイタリア料理を食べたい気分です。

1116

for a long time

長い間

I've wanted to buy this **for a long time.**

私は長い間これを買いたいと思っていました。

1117

get better

(病気や悪い状態が)よくなる，上達する

I hope you'll **get better** soon.

私はあなたが早くよくなることを願っています。

1118

get in trouble

(面倒なことに)巻きこまれる，困ったことになる

She **got in trouble** when she was shopping online.

彼女はオンラインで買い物をしていたときに面倒なことに巻きこまれました。

1119

get on (～)

(乗り物に)乗る

(⇔ get off (～) (乗り物から)降りる)

Sorry I'm late. I **got on** the wrong bus.

遅れてごめんなさい。間違ったバスに乗ってしまいました。

1120

get *A* to *do*

Aに～させる，
Aに～してもらう

My mother **got** me **to wash** the dishes after dinner.

私の母は夕食後，私に皿を洗わせました。

1121 □□□

get together

集まる

Let's **get together** next Sunday.

次の日曜日に集まりましょう。

1122 □□□

give *A* back to *B*

AをBに返す

Will you **give** my dictionary **back to** me? I need it tomorrow.

私の辞書を私に返してくれますか。明日それが必要なのです。

1123 □□□

go abroad

海外へ行く

My uncle often **goes abroad** on business.

私のおじは仕事でよく海外へ行きます。

1124 □□□

go for a walk

散歩に行く [≒ take a walk]

I **went for a walk** in the park yesterday.

私は昨日公園へ散歩に行きました。

1125 □□□

go to [and] see a movie

映画を見に行く

Last weekend, I **went to see a movie** with my classmate.

先週末，私はクラスメートと映画を見に行きました。

1126 □□□

graduate from ～

～を卒業する

After **graduating from** university, she started to work as a scientist.

彼女は大学を卒業した後，科学者として働き始めました。

1127 □□□

have a good memory

記憶力がよい

She **has a good memory**. She remembers almost everything about me.

彼女は記憶力がよいです。私についてほとんどすべてのことを覚えています。

1128

have a great [good] time

楽しい時間を過ごす

I'm glad to hear that you're **having a great time** in London.

あなたがロンドンで楽しい時間を過ごしていると聞いて私はうれしいです。

1129

have been to ～

～に行ったことがある

I **have been to** Australia three times.

私はオーストラリアに3回行ったことがあります。

1130

have enough *A* to *do*

～するのに十分なA（名詞）がある

We **have enough** eggs **to make** a cake.

私たちはケーキを作るのに十分な卵があります。

1131

hear of ～

～のこと［うわさ］を聞く

Have you **heard of** the city's new plan?

あなたはその都市の新しい計画のことを聞いたことがありますか。

1132

in a minute

すぐに

I'll be back **in a minute.**

すぐに戻ります。

1133

in those days

その当時，あのころは

In those days, there was no TV.

その当時，テレビはありませんでした。

1134

look around (～)

（～を）見て回る，（～の）辺りを見回す

She didn't have time to **look around** the town.

彼女は町を見て回る時間がありませんでした。

1135

look well

元気そうに見える

What's the matter? You don't **look well.**

どうしたのですか。元気がないみたいですね。

1136

make *A* from *B*

AをBから作る
★原材料の質が変化する場合に使う

Wine is **made from** grapes.

ワインはブドウから作られます。

1137

name *A* after *B*

BにちなんでAに名前をつける

The baby was **named after** his grandfather.

その赤ちゃんはおじいさんにちなんで名前をつけられました。

1138

on *one's* [the] first day

初日に

He was late **on his first day** of work.

彼は仕事の初日に遅刻しました。

1139

on *one's* [the] right

右側[右手]に

Turn left at that flower shop, and you'll see it **on your right**.

あの花屋のところを左に曲がると，それが右側に見えます。

1140

on sale

売りに出されて，
特売[セール]で

The tickets will be **on sale** next Monday.

そのチケットは次の月曜日に売り出されます。

1141

pick up ～

～を拾い上げる，
～を手に取る

I **picked up** a wallet on the street and took it to the police station.

私は路上で財布を拾い，それを警察署へ持っていきました。

make *A* from *B* と make *A* of *B* は受け身でよく使うよ。

1142

play catch

キャッチボールをする

My father and I **played catch** in the park yesterday.

父と私は昨日公園でキャッチボールをしました。

1143

receive a prize

賞を取る，受賞する

She **received** first **prize** in the contest.

彼女はそのコンテストで１等賞を取りました。

1144

save money

お金を貯める，
お金を節約する

My brother is working after school to **save money**.

私の兄[弟]はお金を貯めるために放課後働いています。

1145

say goodbye to *A*

Aにさようならを言う

He left the room without **saying goodbye to** us.

彼は私たちにさようならも言わないで部屋を出て行きました。

1146

say hello to *A*

Aによろしくと伝える

I can’t go with you. Please **say hello to** Grandpa for me.

私は一緒に行けないわ。私の代わりにおじいちゃんによろしく伝えてね。

1147

show *A* around ～

Aに～を案内する

My aunt **showed** me **around** her town.

おばは私に自分の町を案内してくれました。

1148

slow down

速度［ペース］を落とす

The train **slowed down** and stopped.

その列車は速度を落として止まりました。

1149

take place

行われる，起こる

This festival **takes place** every summer.

この祭りは毎年夏に行われます。

1150

talk to *oneself*

ひとりごとを言う

I heard him **talking to himself**.

私は彼がひとりごとを言っているのを聞きました。

1151

thanks to ～

～のおかげで，～のせいで

Thanks to your advice, I could write a good report.

あなたの助言のおかげで，私はよい報告書を書くことができました。

1152

think of ～

～を思いつく，～(のこと)を考える

When she was talking with her friends, she **thought of** a good idea.

彼女は友だちと話しているときに，よい考えを思いつきました。

1153

this is *one's* first time to *do*

(人)にとって～するのはこれが初めてである

Is this your first time to come to this town?

あなたにとってこの町に来るのはこれが初めてですか。

1154

turn left [right]

左[右]に曲がる

Please **turn left** at the second traffic light.

2つ目の信号で左に曲がってください。

1155

turn on ～

(電気など)をつける，(ガス・水道など)を出す

It's cold here. Shall we **turn on** the heater?

ここは寒いですね。暖房をつけましょうか。

turn on ～ の反対は turn off ～「(電気など) を消す」だね。

1156

visit *A* in the hospital — 病院にAの見舞いに行く

I **visited** my friend **in the hospital**. — 私は病院に友だちの見舞いに行きました。

1157

would love to *do* — (ぜひ)～したい

We'**d love to stay** longer, but we have to go. — もっと長くいたいのですが，私たちは行かなければなりません。

1158

a couple of ～ — 2，3の～，2つの～

I'm going to stay in London for **a couple of** weeks. — 私は2，3週間ロンドンに滞在する予定です。

1159

a friend of mine — 私の友だちの1人 [= one of my friends]

I went fishing with **a friend of mine**. — 私は友だちの1人と釣りに行きました。

1160

after a while — しばらくして

After a while, it started to rain. — しばらくして，雨が降り始めました。

1161

as soon as ... — …するとすぐに

I changed my clothes **as soon as** I got home. — 私は帰宅するとすぐに服を着替えました。

1162

at least — 少なくとも

I have **at least** a hundred comic books. — 私は少なくとも100冊の漫画本を持っています。

1163

at once

すぐに

When the president got on the stage, he began his speech **at once.**

大統領(だいとうりょう)はステージに上がると，すぐにスピーチを始めました。

1164

be scared of ～

～を怖(こわ)がる [≒ be afraid of ～]

She can't swim in the pool because she's **scared of** water.

彼女(かのじょ)は水が怖(こわ)いのでプールで泳ぐことができません。

1165

be similar to ～

～と似(に)ている

His idea **is similar to** yours.

彼(かれ)の考えはあなたの考えと似(に)ています。

1166

belong to ～

～に所属(しょぞく)している

I **belong to** the photography club at school.

私(わたし)は学校で写真部に所属(しょぞく)しています。

1167

by the way

ところで

By the way, how was your trip to New Zealand?

ところで，ニュージーランドへの旅行はいかがでしたか。

1168

call *A* back

Aに折り返し電話をする

I'll tell her to **call** you **back**.

あなたに折り返し電話をするように彼女(かのじょ)に伝えます。

1169

care about ～

～を気づかう

If you **care about** your health, why don't you exercise?

もしあなたが健康を気づかうなら，運動してはどうですか。

by the way は話題を変えるときの言い方だね。

1170

change trains — 列車を乗り換える

Get off at the next station and **change trains**.

次の駅で降りて，列車を乗り換えてください。

1171

clean up ～ — ～を掃除する，～をきれいにする

Let's **clean up** the living room before dinner.

夕食の前に居間を掃除しましょう。

1172

depend on ～ — ～しだいである，～に頼る

It **depends on** the weather. If it's sunny, I'll go fishing.

天気しだいです。もし晴れたら，私は釣りに行きます。

1173

either *A* or *B* — AかBのどちらか

You can choose **either** fish **or** meat for your main dish.

メインディッシュには魚か肉のどちらかを選ぶことができます。

1174

exchange *A* for *B* — AをBと交換する

The shirt I bought is too big. Could I **exchange** it **for** a smaller one?

私が買ったシャツは大きすぎます。これをもっと小さいものと交換することはできますでしょうか。

1175

for a while — しばらくの間

I haven't seen you **for a while**. How are you doing?

しばらくの間，あなたに会っていませんでしたね。調子はどうですか。

1176

for fun — 楽しみで

He is reading history books about Europe **for fun**.

彼はヨーロッパに関する歴史の本を楽しみで読んでいます。

1177

get a good grade (on ～)

(～で)よい成績を取る

She **got a good grade on** the math test.

彼女はその数学のテストでよい成績を取りました。

1178

get away from ～

～から逃げる[離れる]

All those people **got away from** the fire safely.

その人たちはみんな火事から無事に逃げました。

1179

get in ～

(車など)に乗りこむ, ～に入る

The man told him to **get in** the car.

その男性は彼に車に乗るように言いました。

1180

have a fight

けんかをする

Yesterday, my brother and I **had a fight**. Our mother stopped us.

昨日, 兄[弟]と私はけんかをしました。母が私たちを止めました。

1181

hear from ～

～から連絡[便り]をもらう

I hope to **hear from** you soon. Bye.

私は早くあなたから連絡をもらいたいと思っています。それじゃあ。

1182

instead of ～

～の代わりに

We ordered green salad **instead of** onion soup.

私たちはオニオンスープの代わりにグリーンサラダを注文しました。

1183

It is *A* for *B* to *do*

BがへするのはA(形容詞)である

It is difficult **for** me **to finish** the job this month.

私が今月中に仕事を終わらせるのは難しいです。

change trains は必ず複数形の trains を使うことに注意しよう。

1184 □□□

keep in touch with *A*

Aと連絡をとり続ける

I still **keep in touch with** my old friend by e-mail.

私は今でもEメールで昔の友だちと連絡をとり続けています。

1185 □□□

laugh at ~

~を聞いて[見て]笑う

Everyone **laughed at** his funny story.

みんなが彼のおかしな話を聞いて笑いました。

1186 □□□

leave a message (for *A*)

(Aに)伝言を残す

Sorry, but she is out now. Would you like to **leave a message for** her?

すみませんが，彼女は今外出中です。彼女に伝言を残されますか。

1187 □□□

less than ~

~より少ない

Do you have T-shirts for **less than** twenty dollars?

20ドルより安いTシャツはありますか。

1188 □□□

lose *one's* way

道に迷う

Excuse me. I've **lost my way**. Where are we on this map?

すみません。道に迷いました。私たちはこの地図のどこにいますか。

1189 □□□

make a mistake

間違える

I **made a mistake** on my English writing test.

私は英語のライティングテストで間違えました。

1190 □□□

make money

お金をかせぐ

He worked very hard to **make money** for a new car.

彼は新しい車を買うお金をかせぐためにとても一生懸命働きました。

1191
not *A* but *B*

AではなくB

That is **not** a hamster **but** a mouse.

あれはハムスターではなくネズミです。

1192
on the other hand

一方では

I like playing sports. **On the other hand**, my younger sister doesn't.

私はスポーツをするのが好きです。一方，私の妹は好きではありません。

1193
so many ～

とてもたくさんの～

I have **so many** questions I want to ask him.

私は彼にたずねたい質問がとてもたくさんあります。

1194
take a break

休憩を取る

It's already three o'clock. Let's **take a break**.

もう3時です。休憩を取りましょう。

1195
take a look at ～

～を見る

This copy machine doesn't work. Can you **take a look at** it?

このコピー機は動きません。これを見てもらえませんか。

1196
take off

(飛行機が)離陸する

Our plane **took off** on time.

私たちの飛行機は時間どおりに離陸しました。

1197
the number of ～

～の数

The number of people who have a computer grew in Japan.

日本ではコンピューターを持っている人の数が増えました。

take off ～「～を脱ぐ」と take off「離陸する」をセットで覚えよう。

1198	
throw away ～	～を捨てる
Don't **throw away** these magazines. I'm still reading them.	これらの雑誌を捨てないでください。私はまだこれらを読んでいます。

1199	
turn up ～	（テレビ・ラジオなど）の音量を上げる
Can you **turn up** the radio? I can't hear it well.	ラジオの音量を上げてくれますか。よく聞こえません。

1200	
where to *do*	どこへ［で］～するべきか
The summer vacation starts next week, but we haven't decided **where to go** yet.	来週から夏休みが始まりますが，私たちはどこへ行くかまだ決めていません。

● theがつく？　aがつく？　何もつかない？

熟語では冠詞（theとa [an]）がとても重要です。
all over the world（➡0962）やall the time（➡1103）などでは必ず名詞にtheをつけます。それに対してgo for a walk（➡1124）やhave a stomachache（➡1060）などでは必ずaを使います。「stomachache（腹痛）は数えられる名詞なのか？」のように考えず，まるごと覚えてしまうのがコツです。さらに，go to work（➡0992）やon foot（➡1070）など，名詞にtheもaもつけない熟語もあるので注意が必要です。
熟語は冠詞に注意を払いながら覚えるようにしましょう。

熟語編 でる度B

チェックテスト

1 日本語に合うように(　　)に適切な語を下の①～⑥の中から選びましょう。

(1) ～として知られている　be (　　　　) as ～

(2) ～を怖がる　be (　　　　) of ～

(3) ～を休んでいる　be (　　　　) from ～

① absent	② familiar	③ similar
④ known	⑤ careful	⑥ scared

2 日本語に合うように(　　)に英単語を入れましょう。

(1) 彼は気が変わってそのパーティーに行きませんでした。
He changed his (　　　　) and didn't go to the party.

(2) 私は2，3週間ロンドンに滞在する予定です。
I'm going to stay in London for a (　　　　) of weeks.

(3) ところで，ニュージーランドへの旅行はいかがでしたか。
By the (　　　　), how was your trip to New Zealand?

3 (　　)に入る語を下の①～④の中から選びましょう。

(1) The baby was named (　　　　) his grandfather.
その赤ちゃんはおじいさんにちなんで名前をつけられました。

(2) I belong (　　　　) the photography club at school.
私は学校で写真部に所属しています。

① as　② from　③ after　④ to

正解

1 (1) ④ (→1109)　(2) ⑥ (→1164)　(3) ① (→1106)
2 (1) mind (→1111)　(2) couple (→1158)　(3) way (→1167)
3 (1) ③ (→1137)　(2) ④ (→1166)

会話表現編 100

英検 3 級によくでる会話表現をまとめました。

リスニングテストにもよくでるので，音声もあわせて活用して覚えましょう。

001	
Are you all right?	大丈夫ですか。
A: You don't look well. **Are you all right?** **B:** Yes. I'm just sleepy.	A: 具合がよくなさそうですね。大丈夫ですか。 B: はい。眠いだけです。

002	
Are you ready to order?	ご注文はお決まりですか。
A: Are you ready to order? **B:** Yes. I'll have a tuna sandwich.	A: ご注文はお決まりですか。 B: はい。ツナサンドをお願いします。

003	
Can I take a message?	ご伝言を承りましょうか。, 何か伝えておきましょうか。
A: Hello. I'd like to speak to Sally, please. **B:** I'm sorry, she's out now. **Can I take a message?**	A: もしもし。サリーをお願いします。 B: すみません, 彼女は今外出しています。ご伝言を承りましょうか。

004	
Can you tell me where ...?	どこに…か教えてもらえますか。
A: Excuse me. I'm looking for children's shoes. **Can you tell me where** they are? **B:** They're on the third floor.	A: すみません。子ども用の靴を探しています。どこにあるか教えてもらえますか。 B: 3階にあります。

005	
Certainly.	かしこまりました。
A: Can I have another cup of coffee, please? **B: Certainly**, sir.	A: コーヒーをもう1杯もらえますか。 B: かしこまりました, お客さま。

006 □□□

Congratulations!

おめでとう！

A: I won first prize in the singing contest!
B: **Congratulations!**

A: 歌のコンテストで1等賞を取りました！
B: おめでとう！

007 □□□

Do you often come here?

ここへはよく来るのですか。

A: This is a nice park. **Do you often come here?**
B: Yes. I come here three times a week.

A: ここはいい公園ですね。ここへはよく来るのですか。
B: はい。私は週3回ここに来ます。

008 □□□

Don't worry.

心配しないで。

A: The final exam is tomorrow. I'm a little nervous.
B: **Don't worry.** You'll be all right.

A: 最終試験は明日よ。少し緊張しているわ。
B: 心配しないで。君なら大丈夫だよ。

009 □□□

Good luck.

がんばって。

A: I'm going to play in a baseball game next week.
B: Are you? **Good luck!**

A: ぼくは来週，野球の試合に出るんだ。
B: そうなの？　がんばって！

010 □□□

Guess what?

（会話を切り出すときに）
ねえねえ，聞いて。，
ちょっと聞いてくれる？

A: **Guess what?** I'm going to France this summer!
B: That's great. Have fun.

A: ねえねえ，聞いて。今年の夏にフランスに行くの！
B: それはいいね。楽しんできてね。

011	
Have a nice trip.	よい旅を。
A: I'm leaving now, Mom. B: OK. **Have a nice trip.**	A: 今から行ってきます，お母さん。 B: わかったわ。よい旅をね。

012	
Have you ever been to ～?	～に行ったことがありますか。
A: **Have you ever been to** Australia? B: Yes. I went there last year.	A: オーストラリアに行ったことがありますか。 B: はい。ぼくは昨年そこに行きました。

013	
Help yourself.	（食べ物などを）ご自由にどうぞ。
A: Can I have some more bread? B: Yes, of course. **Help yourself.**	A: もう少しパンをもらえますか。 B: もちろんいいですよ。ご自由にどうぞ。

014	
Here it is.	（物を差し出して） はい，どうぞ。
A: May I see your passport, please? B: Sure. **Here it is.**	A: あなたのパスポートを見せていただけますか。 B: いいですよ。はい，どうぞ。

015	
Here you are [go].	（物を差し出して） はい，どうぞ。
A: Will you pass me the salt? B: Sure. **Here you are.**	A: ぼくに塩を取ってくれますか。 B: いいですよ。はい，どうぞ。

016

Here's ～.

(物を差し出して)～をどうぞ。, こちらが～になります。, ここに～があります。

A: **Here's** your tea. Would you like some sugar or milk?
B: Just a little sugar, please.

A: 紅茶をどうぞ。砂糖やミルクは入れますか。
B: 砂糖を少しだけお願いします。

017

Hold on (, please).

(電話で) 切らずにお待ちください。

A: Can I speak to Mr. Taylor, please?
B: Sure. **Hold on, please.**

A: テイラーさんをお願いしたいのですが。
B: はい。切らずにお待ちください。

018

How [What] about ～?

～はどうですか。

A: Can we go shopping together this weekend?
B: Sure. **How about** Sunday afternoon?

A: 今週末，一緒に買い物に行きませんか。
B: いいですよ。日曜日の午後はどうですか。

019

How [What] about *doing* ～?

～するのはどうですか。

A: **How about going** out for lunch?
B: Good idea. I'd like to try that new Italian restaurant.

A: 昼食を外へ食べに行くのはどうですか。
B: いいですね。私はあの新しいイタリア料理店に行ってみたいです。

020

How about you?

あなたはどうですか。

A: I'll have some orange juice. **How about you?**
B: I'll have coffee.

A: 私はオレンジジュースにします。あなたはどうしますか。
B: ぼくはコーヒーにします。

Here it is. と Here you are[go]. をあわせて覚えておこう。

021	
How do [did] you like ～?	～はどうですか [どうでしたか]。, ～は気に入っていますか [気に入りましたか]。
A: How do you like Japan? **B:** It's great.	A: 日本はどうですか。 B: すばらしいです。

022	
How is [was] ～?	～(の様子)はどうですか [どうでしたか]。
A: How's your family? **B:** They're fine, thank you.	A: ご家族はお元気ですか。 B: 元気です，ありがとうございます。

023	
How long does it take to *do* ～?	～するのにどれくらいの時間がかかりますか。
A: How long does it take to get to the museum? **B:** About fifteen minutes.	A: 博物館へ行くにはどれくらいの時間がかかりますか。 B: 15分ほどです。

024	
I agree.	そう思います。, 同感 [賛成(さんせい)] です。
A: This shirt will be a nice birthday present for Dad. **B: I agree.** Let's get it for him.	A: このシャツはお父さんのいい誕(たん)生日(じょうび)プレゼントになるわ。 B: ぼくもそう思うよ。それをお父さんに買おう。

025	
I can't decide.	決められません。
A: You can have one of these books. **B:** Well, **I can't decide.** They all look interesting.	A: これらの本の中から1冊(さつ)あげます。 B: ええと，決められません。全部おもしろそうです。

026

I can't wait to *do* ～.

～するのが待ちきれません。

A: You're going to the stadium this weekend, aren't you?
B: Yes. **I can't wait to see** the game.

A: あなたは今週末にスタジアムに行くんだよね？
B: うん。試合を見るのが待ちきれないよ。

027

I don't think so.

私はそうは思いません。

A: Do you think it will rain today?
B: No, **I don't think so**.

A: 君は今日は雨が降ると思いますか。
B: いいえ，私はそうは思いません。

028

I heard ...

…だそうですね。，
…と聞きました。

A: **I heard** you're going to join the art club.
B: Yes. I'm interested in painting.

A: 君は美術部に入るそうだね。
B: そうなの。絵を描くことに興味があるの。

029

I hope ...

…だといいな。，…であることを望んでいます。

A: I want to be a pilot in the future.
B: **I hope** your dreams will come true.

A: ぼくは将来パイロットになりたいんだ。
B: あなたの夢が実現するといいわね。

030

I hope so.

そうだといいな。，
そう望みます。

A: I'm sure you'll pass the exam.
B: **I hope so.**

A: あなたはきっと試験に合格すると思うわ。
B: そうだといいな。

031	
I see.	**わかりました。, なるほど。**
A: Turn left at that corner. You'll find the post office on your right. **B:** **I see.** Thank you.	A: あの角を左に曲がってください。郵便局は右側にあります。 B: わかりました。ありがとうございます。

032	
I think so, too.	**私もそう思います。**
A: I think we should clean up the room first. **B:** **I think so, too.**	A: まずは部屋を掃除したほうがいいと思うな。 B: 私もそう思うわ。

033	
I'd be glad [happy] to.	**喜んで。**
A: Can you help me with my work tomorrow? **B:** Sure, **I'd be glad to.**	A: 明日，私の仕事を手伝ってもらえますか。 B: もちろんです，喜んで。

034	
I'd like to *do* ～.	**～したいのですが。**
A: **I'd like to send** this package to the United States. **B:** Certainly.	A: この小包みをアメリカに送りたいのですが。 B: かしこまりました。

035	
I'd love to.	**ぜひそうしたいです。**
A: We're going to have a party tonight. Why don't you come? **B:** **I'd love to.**	A: ぼくたちは今夜パーティーを開きます。あなたも来ませんか。 B: ぜひ行きたいです。

036

I'll be right back.

すぐに戻ります。

A: Excuse me. Could I see the menu?

B: Of course, ma'am. **I'll be right back.**

A: すみません。メニューを見せてもらえますか。

B: もちろんです，お客さま。すぐに戻ります。

037

I'll be there (soon).

（すぐに）そちらへ行きます。

A: John, I need your help. Can you come to the kitchen?

B: OK, Mom. **I'll be there soon.**

A: ジョン，手伝ってほしいの。台所に来られる？

B: わかったよ，お母さん。すぐにそっちへ行くよ。

038

I'll think about it.

（それについて）考えておきます。

A: Dad, can I have a watch for my birthday?

B: Well, **I'll think about it**.

A: お父さん，私の誕生日に腕時計をもらえない？

B: まあ，考えておくよ。

039

I'm afraid ...

あいにく［残念ながら］…です。

A: Mike, can we go to the beach on Saturday?

B: **I'm afraid** I'm busy this weekend.

A: マイク，土曜日に海辺に行かない？

B: あいにく今週末は忙しいんだ。

040

I'm afraid not.

残念ながら，違います［できません］。

A: Is my answer correct?

B: No, **I'm afraid not**. Try again.

A: ぼくの答えは正しいですか。

B: いいえ，残念ながら，違います。もう１度やってみなさい。

I'm afraid に続く that 節の that は，会話ではふつう省略するよ。

041	
I'm coming.	今行きます。
A: Steve, dinner is ready. B: OK. **I'm coming.**	A: スティーブ，夕食ができたわよ。 B: わかった。今行くよ。

042	
I'm full.	おなかがいっぱいです。
A: Would you like some more dessert? B: No, thank you. **I'm full.**	A: デザートをもっといかがですか。 B: いえ，結構(けっこう)です。おなかがいっぱいです。

043	
I'm glad you like it.	気に入ってくれてうれしいです。
A: Thank you very much for such a lovely present. B: **I'm glad you like it.**	A: こんなすてきなプレゼントをどうもありがとう。 B: 気に入ってくれてうれしいよ。

044	
I'm just looking.	(店で)見ているだけです。
A: May I help you? B: **I'm just looking**, thank you.	A: いらっしゃいませ，何かお手伝いしましょうか。 B: 見ているだけです，ありがとう。

045	
I'm not from here.	(知らない場所で道を聞かれて) 私(わたし)はここの者ではありません。，不案内なもので。
A: Excuse me. Is there a bank around here? B: Sorry, but **I'm not from here**.	A: すみません。この辺りに銀行はありますか。 B: ごめんなさい，私(わたし)はここの者ではありません。

046	
I'm not sure.	わかりません。
A: Are you going on a picnic tomorrow? **B:** **I'm not sure.** I need to check the weather report.	A: 明日，あなたはピクニックに行きますか。 B: わかりません。天気予報を確認する必要があります。

047	
I'm sure ...	きっと…だと思います。
A: Do you think Kate will come with us? **B:** **I'm sure** she will.	A: ケイトは私たちと一緒に来ると思いますか。 B: 彼女はきっと来ると思います。

048	
Is anything wrong?	どうかしましたか。，何か問題がありますか。
A: You're not eating the pizza. **Is anything wrong?** **B:** Well, I don't like cheese very much.	A: ピザを食べていないじゃない。どうかしたの？ B: いやあ，ぼくはチーズがあまり好きじゃないんだ。

049	
(It's) my pleasure.	どういたしまして。
A: Thank you for the delicious dinner. **B:** **It's my pleasure.**	A: とてもおいしいディナーをありがとう。 B: どういたしまして。

050	
It's time for ～.	～の時間です。
A: Kevin, **it's time for** bed. **B:** All right, Mom.	A: ケビン，寝る時間よ。 B: わかったよ，お母さん。

会話表現編

相手のところに「今行きます」と言うには come を使うんだね。

051	
It's time to *do* ～.	～する時間です。
A: Anna, **it's time to get up**. B: I want to sleep more.	A: アンナ，起きる時間だよ。 B: もっと寝ていたいわ。

052	
Just a moment [minute].	ちょっとお待ちください。
A: Hello. I'm here to see Mr. White. My name is Allen. B: **Just a moment**, please.	A: こんにちは。ホワイト先生に会いに来ました。ぼくの名前はアレンです。 B: ちょっとお待ちください。

053	
Let me see.	(考えながら) ええと。
A: How many people are coming to the party? B: **Let me see.** Jeff can't come, so six people.	A: そのパーティーには何人来るのですか。 B: ええと。ジェフが来られないから，6人です。

054	
May [Can] I help you?	(店員が客に) 何かお手伝いしましょうか。，いらっしゃいませ。
A: Good morning. **May I help you?** B: Yes, I'm looking for a nice present for my mother.	A: おはようございます。何かお手伝いしましょうか。 B: はい，母にすてきなプレゼントを探しています。

055	
May [Can / Could] I speak to *A*?	(電話で) Aをお願いしたいのですが。
A: Hello, this is Jim Adams. **May I speak to** Mrs. Baker? B: Sorry, she's in a meeting right now.	A: もしもし，ジム・アダムスと申します。ベーカーさんをお願いしたいのですが。 B: すみません，彼女は今会議中です。

056 □□□

Me, neither.

（否定文を受けて）
私も（～ではありません）。

A: I don't like horror movies.
B: Me, neither.

A: 私はホラー映画が好きではないわ。
B: ぼくもだよ。

057 □□□

Me, too.

私も。

A: I want to go skiing this winter.
B: Me, too.

A: ぼくは今年の冬はスキーに行きたいな。
B: 私もよ。

058 □□□

Nice talking to you.

お話ができてよかったです。

A: I must be going now. Bye.
B: Bye. **Nice talking to you.**

A: 私はもう行かなければなりません。さようなら。
B: さようなら。お話ができてよかったです。

059 □□□

Nice to see you (again).

（また）会えてうれしいです。

A: Nice to see you again, Lisa.
B: Nice to see you too, Brian.

A: また会えてうれしいよ，リサ。
B: 私も会えてうれしいわ，ブライアン。

060 □□□

No problem.

いいですよ。，
問題ありません。，
どういたしまして。

A: Could you drive me to the station, Dad?
B: No problem.

A: 車で駅まで送ってもらえない，お父さん？
B: いいよ。

061	
No, thanks [thank you].	いいえ，結構です。
A: Would you like something to drink? **B: No, thanks.**	A: 飲み物はいかがですか。 B: いいえ，結構です。

062	
Not at all.	まったくそんなことはありません。， どういたしまして。
A: Is math difficult for you? **B: Not at all.** I like it very much.	A: 数学はあなたにとって難しいですか。 B: まったくそんなことはありません。ぼくは数学がとても好きです。

063	
Not really.	それほどでもないです。， そうでもないです。
A: Is the new French restaurant very expensive? **B: Not really.**	A: その新しいフランス料理店はとても高いのですか。 B: それほどでもないです。

064	
Not yet.	まだです。
A: Have you finished lunch? **B:** No, **not yet**.	A: 昼食は済ませましたか。 B: いいえ，まだです。

065	
Of course.	もちろん。，いいですよ。
A: Excuse me. Can we order now? **B: Of course.**	A: すみません。今注文してもいいですか。 B: もちろんです。

066

Same to you.

あなたもね。

A: Have a nice weekend.
B: Same to you.

A: よい週末を。
B: あなたもね。

067

See you later.

また後でね。

A: Fred, I'll pick you up at 5:30. **See you later.**
B: OK, Mom. Bye.

A: フレッド，5時半にあなたを迎えに来るわ。また後でね。
B: わかった，お母さん。じゃあね。

068

Sounds good [nice / great].

いいですね。

A: How about going to the movies tonight?
B: Sounds good.

A: 今夜，映画を見に行きませんか。
B: いいですね。

069

Speaking.

(電話で)私です。

A: Hello. May I speak to Liz, please?
B: Speaking.

A: もしもし。リズをお願いしたいのですが。
B: 私です。

070

Take care.

(別れのあいさつとして)
じゃあね。，気をつけてね。

A: Oh, it's time to go home. See you tomorrow.
B: Take care.

A: あら，帰る時間だわ。また明日ね。
B: じゃあね。

Speaking. のような電話での表現をまとめてチェックしておこう。

071 □□□	
Thanks anyway.	とにかくありがとう。
A: Shall I help you with your homework? **B:** I think I can do it myself. **Thanks anyway.**	A: 君の宿題を手伝おうか。 B: 1人でできると思うわ。とにかくありがとう。

072 □□□	
Thanks [Thank you] for *doing* ～.	～してくれてありがとう。
A: Thanks for inviting me to the party. **B:** Not at all. I'm glad you came.	A: パーティーに招待(しょうたい)してくれてありがとう。 B: どういたしまして。来てくれてうれしいです。

073 □□□	
(That) sounds like fun.	(それは)楽しそうですね。
A: I'm going to see a baseball game with my cousin tomorrow. **B: That sounds like fun.**	A: 明日いとこと野球の試合を見に行きます。 B: それは楽しそうですね。

074 □□□	
That would be great [nice].	それはいいですね。
A: I'm baking a cake now. Would you like to come over? **B: That would be great.**	A: 今，ケーキを焼いているの。うちに来ない？ B: それはいいね。

075 □□□	
That's a good idea.	それはいい考えです。
A: Shall we get something nice for Lisa's birthday? **B: That's a good idea.**	A: リサの誕生日(たんじょうび)に何かすてきなものを買おうか。 B: それはいい考えね。

076

That's all.

それだけです。,
それで全部です。

A: Here's your sandwich. Would you like anything else?
B: **That's all**, thanks.

A: こちらがサンドイッチになります。他にはよろしいでしょうか。
B: それだけです，ありがとう。

077

That's fine (with me).

(私は) それで大丈夫 [いい] です。

A: Can we have a meeting on Friday afternoon?
B: **That's fine with me**.

A: 金曜日の午後に会議はできますか。
B: 私はそれで大丈夫です。

078

That's right.

そのとおりです。

A: You're on the basketball team, aren't you?
B: **That's right.**

A: あなたはバスケットボールチームに入っているんだよね？
B: そのとおりだよ。

079

That's too bad.

それはお気の毒 [残念] です。

A: I couldn't go camping because I had a cold.
B: **That's too bad.**

A: ぼくは風邪をひいていたので，キャンプに行けなかったんだ。
B: それはお気の毒に。

080

That's very kind of you.

ご親切にありがとうございます。

A: Please have my seat.
B: **That's very kind of you.**

A: 私の席にお座りください。
B: ご親切にありがとうございます。

That's very kind of you. は of を使うことに注意しよう。

081 ☐☐☐

There's something wrong with ～.

～の調子が悪いです。

A: Dad, **there's something wrong with** this computer.
B: I'll take a look at it.

A: お父さん，このコンピューターの調子が悪いの。
B: 見てみるよ。

082 ☐☐☐

This is ～.

(電話で)こちらは～です。

A: Hello. **This is** Nick. Is Linda there?
B: Hold on, please.

A: もしもし。こちらはニックです。リンダはいますか。
B: 切らずにお待ちください。

083 ☐☐☐

Welcome (to ～).

(～へ)ようこそ。

A: **Welcome to** our home, Mary!
B: Wow! Your house is beautiful!

A: わが家へようこそ，メアリー！
B: うわー！ あなたのおうちはきれいですね！

084 ☐☐☐

What do you do (now)?

(今)お仕事は何をしていますか。

A: We haven't seen each other for a long time. **What do you do now?**
B: I'm an elementary school teacher.

A: お互(たが)い長いこと会っていなかったわね。今，仕事は何をしているの？
B: ぼくは小学校の教師(きょうし)をしているよ。

085 ☐☐☐

What do you think of ～?

～をどう思いますか。

A: **What do you think of** this town?
B: I like it, but it's too cold in winter.

A: この町をどう思いますか。
B: 好きですけど，冬が寒すぎます。

086

What happened?

何があったのですか。

A: Paula, **what happened**?
B: I fell off my bike.

A: ポーラ，何があったの？
B: 自転車で転んだの。

087

What would you like (for ~)?

(～には) 何がいいですか。

A: **What would you like for** dinner?
B: I want to have beef stew.

A: 夕食は何がいい？
B: ぼくはビーフシチューが食べたいな。

088

What's the matter?

どうしたのですか。

A: **What's the matter?**
B: I've had a headache since this morning.

A: どうしたのですか。
B: 今朝から頭痛(ずつう)がするのです。

089

What's the problem?

どうしたのですか。

A: **What's the problem?**
B: I can't find my key.

A: どうしたのですか。
B: 私(わたし)のかぎが見つからないんです。

090

What's wrong with ~?

～はどうしたのですか。,
～のどこが悪いのですか。

A: **What's wrong with** your smartphone?
B: I can't send e-mails.

A: あなたのスマートフォンはどうしたのですか。
B: Eメールが送れないんです。

会話表現編

What's the matter? の the matter は「困(こま)ったこと」の意味だよ。

091	
Why do you think so?	どうしてそう思うのですか。
A: I think Dan is the best basketball player in our school. **B: Why do you think so?**	A: 私(わたし)はダンが学校でいちばんバスケットボールがじょうずだと思います。 B: どうしてそう思うのですか。

092	
Why don't we *do* ~?	(一緒(いっしょ)に) ~しませんか。
A: Why don't we go for a walk after lunch? **B:** Sounds nice.	A: 昼食後に散歩に行きませんか。 B: いいですね。

093	
Why don't you *do* ~?	~してはどうですか。
A: I'm going to Sydney, but I don't know where to stay. **B: Why don't you ask** Ben? He lived there for two years.	A: シドニーに行くんだけど, どこに泊(と)まればいいかわからないんだ。 B: ベンに聞いたらどう? 彼(かれ)は2年間そこに住んでいたわよ。

094	
Why not?	(否定文(ひていぶん)を受けて) どうして?, (誘(さそ)いなどを受けて) もちろん。, そうしよう。
A: I want to go with you, but I can't. **B: Why not?**	A: あなたと一緒(いっしょ)に行きたいんだけど, できないの。 B: どうして?

095	
Would you like to *do* ~?	~しませんか。, ~したいですか。
A: Would you like to go hiking on Sunday? **B:** I'd love to.	A: 日曜日にハイキングに行きませんか。 B: ぜひ行きたいです。

096

You can do it.	あなたならできますよ。
A: My homework is too difficult. I can't finish it today. **B:** Don't worry. **You can do it.**	A: 宿題が難しすぎるんだ。今日終わらせることができないよ。 B: 心配しないで。あなたならできるわ。

097

You did a great [good] job.	とてもよくできました［よくできました］。
A: What did you think of my speech, Ms. Green? **B:** I enjoyed it very much. **You did a great job.**	A: ぼくのスピーチはどうでしたか，グリーン先生？ B: すごく楽しかったわ。とてもよくできたわね。

098

(You) go ahead.	先に行ってて。，お先にどうぞ。
A: Tina, let's go to the cafeteria. **B:** I have to go to the library first. **You go ahead**, and I'll join you later.	A: ティナ，カフェテリアに行こうよ。 B: 私はまず図書室に行かなくちゃならないの。先に行ってて，後で合流するわ。

099

You have the wrong number.	（電話で） 番号をお間違えです。
A: Hello, is this Tony's Steak Restaurant? **B:** I'm sorry. **You have the wrong number.**	A: もしもし，そちらはトニーズ・ステーキ・レストランですか。 B: すみません。番号をお間違えです。

100

You're welcome.	どういたしまして。
A: Thank you for your help. **B: You're welcome.**	A: 手伝ってくれてありがとう。 B: どういたしまして。

さくいん

※数字は見出し語番号を示す。

単語編

A

B

数字は見出し語番号だよ。ページ数ではないので気をつけてね。

T

U

V

W

熟語編

I

K

L

M

N

会話表現編